Biberach

Geschichte und Gegenwart

Gerd Maier

BIBERACH

Geschichte und Gegenwart

Einführungen
Hansmartin Decker-Hauff
Claus-Wilhelm Hoffmann
Fotos Rupert Leser
Redaktion Kurt Diemer

Konrad Theiss Verlag

ISBN 3 8062 0116 1

Typographie und Gestaltung: Rolf Bisterfeld
Satz und Druck:
Grafische Betriebe Süddeutscher Zeitungsdienst, Aalen
Printed in Germany

Inhalt

Von der Reichsstadt zur Oberamtsstadt

von Hansmartin Decker-Hauff

Der Königsadler steht im ältesten Biberacher Wappenschild, der König gilt als ältester Stadtherr, eine Stadt in der Hand von Kaiser und Reich ist Biberach bis in die Tage Napoleons und bis in die Anfänge des vorigen Jahrhunderts geblieben. Langsam gewachsen aus kaum erkennbaren, zeitlich kaum festzulegenden Anfängen liegt das Gemeinwesen, das dann im 13. Jahrhundert Stadt wurde, deutlich in der Hand des staufischen Hauses. Kaiser Friedrich Rotbart ist der erste, den man – etwa seit 1170 – mit den Geschicken Biberachs in näheren geschichtlichen Zusammenhang bringen darf.

Im 13. Jahrhundert ist Biberach eine staufische Stadt gewesen, und es kann nicht bestritten werden, daß ihr rasches, erkennbares Aufblühen dieser Verbindung zum Herrscherhaus mit zu verdanken ist. Entsprechend hat der Niedergang, zuletzt der Zusammenbruch der staufischen Herrschaft die Stadt in ihrer Entwicklung gehemmt. Die Gleichung Biberach = Königsstadt scheint ohne jedes Fragezeichen zu gelten.

Aber eine Stadt, deren Mittelpunkt eine Großkirche mit weitem Sprengel bildet, deren Stadtheiliger der seit den ersten Tagen der Christianisierung unseres Landes hochverehrte heilige Martin ist, deren Stadtplan auffallend „archaische“ Züge aufweist, muß nicht unbedingt erst in der Städtepolitik Barbarossas geplant, nicht erst gegen Ende des 12. Jahrhunderts mehr oder minder aus wilder Wurzel gegründet worden sein. Die Frage nach dem „was war vorher?“ ist erlaubt, ja nötig, selbst wenn es zur Beantwortung keine Urkunden, nur Hinweise gibt.

Biberach hat in seinem Stadtgrundriß ein Geschichtsdenkmal von besonderem Wert und von hohem kunst- und architekturgeschichtlichem Reiz bewahrt. Fast wie in einer Urkunde kann man in diesen Häuserzeilen und Gassenführungen, Mauerzügen und Toröffnungen, Kleinmärkten und Großplätzen lesen. Manches davon ist bis heute erhalten, das unversehrte, noch spätmittelalterlich geprägte Bild hat uns Matthäus Merian in seiner berühmten Vogelschau-Ansicht Biberachs überliefert.

Unverkennbar ist die beherrschende Rolle, die der ursprünglich ummauerten, auf einer leichten Anhöhe wie krönend errichteten Stadtkirche zukommt. Auf sie, das ist evident, wurde die ganze Stadtanlage bezogen, auf sie ist der weitgezogene Dreiecksmarkt der Neuanlage ausgerichtet, ihr Westturm – an der Stelle eines älteren romanischen Turms und ihn im Kern noch bergend – ist der unübersehbare Flucht- und Augenpunkt der ganzen großzügigen Marktanlage. Vom Obertor bis zur Martinskirche hat *ein* erfahrener Planer die Häuserfronten bestimmt und die Gassen gezogen.

Man könnte annehmen, daß die Stadt als Ganzes auf freiem Felde, unbelastet durch Vorgängeranlagen, nicht gehemmt von älteren Rechtsgrenzen geplant und errichtet wurde. Dann wäre die Martinskirche in die

Achse des geplanten Marktes gestellt worden und wäre mit diesem gleichzeitig. Stadt und Markt hätten den Platz der Kirche nach sich gezogen. Aber diese Annahme läßt sich nicht halten. Genau das Umgekehrte springt in die Augen: Die Kirche auf dem natürlichen Schotterhügel, der schon früh von Menschenhand noch erhöht und befestigt worden ist, ist *älter* als die älteste Marktanlage. Nicht der Kirchbau folgte dem Markt, der Markt hat sich vielmehr auf die bereits bestehende Kirche und den Kirchenbezirk um Sankt Martin ausgerichtet.

Von der Riß zum Teil umflossen und durch sie zusätzlich befestigt, liegt der Kirchhügel am Schnittpunkt alter Wege, die von verschiedenen Richtungen diesem Punkt zustreben, wie das für Kirchwege nicht anders zu erwarten ist. Aber diese Wege erweisen sich später als Fern- und Handelsstraßen, und das kommt nicht von ungefähr. Martinskirchen, der ersten Christianisierung vielfach noch zugehörig, liegen gerne an solchen Kreuzungen alter Straßen. Der Platz und seine Lage deuten auf ein höheres Alter hin.

Wie weit hinauf wir das Alter dieser Kirchanlage rükken dürfen, sagt keine Urkunde. Aber die Namen der Heiligen, die in der Kirche seit alters verehrt wurden, können Hinweise abgeben. Es sind, auch abgesehen von Martin, einige darunter, denen allgemein ein hohes Alter zugestanden wird, selbst wenn sie naturgemäß oft erst in späteren Urkunden genannt werden. Durchwegs auf frühe Verhältnisse weist es zurück, wenn in einer Kirche die drei „M-Heiligen" Michael, Maria, Martin nebeneinander erscheinen, wie es in Biberach der Fall ist. Werden sie gar noch durch Mauritius ergänzt, so ist mit großer Wahrscheinlichkeit anzunehmen, daß diese auch andernorts als karolingisch zu erhärtende Vier-Heiligengruppe auf sehr hohes Alter der betreffenden Kultstätte hinweist. Und Mauritius hatte unmittelbar südlich der Pfarrkirche (etwa im Gelände des späteren Spitals?) eine kleine Kapelle. Das spricht für Entstehung der ganzen Anlage spätestens um 800.

Auffallend, weil höchst selten gemeinsam in einer Stadt verehrt, ist das Auftauchen der beiden Pariser Stadtheiligen Genoveva und Dionysius. In Esslingen, wo sie ebenfalls beide auftreten, ist ihre Herkunft aus Paris (St. Denis!) unverkennbar, jetzt auch archäologisch bestätigt. Sollte ihre Verehrung in Biberach auf engere Beziehungen zwischen Oberschwaben und der Isle de France innerhalb des karolingischen Großreiches, etwa im 9. Jahrhundert, hinweisen?

Der wichtigste Anhaltspunkt, den die Patrozinien der Biberacher Martinskirche geben, führt uns auf eine Verbindung zum welfischen Hauskloster Weingarten. Bedingt durch die internationalen Beziehungen des Welfenhauses im 11. Jahrhundert finden wir in Weingarten eine Kultstätte des englischen Königs Oswald. Sie bildet, verbunden mit der Verehrung von Martin, Maria und dem heiligen Kreuz, die charakteristische Gruppe der vier alten Hauptpatrozinien, die „der Hausheiligen" von Weingarten. Dort im welfischen Hauskloster sind diese vier Heiligen vor 1100 „gebündelt" worden, nur von Weingarten aus können sie als Gruppe verstanden werden. Wenn sie nun auch in der Biberacher Kirche (wo Maria und Martin sicher schon älter waren) in der Weingartener Gruppierung erscheinen, können sie nur durch mittel- oder unmittelbaren Einfluß der Welfen hierhergelangt sein. Und das muß zwischen etwa 1100 und etwa 1170 (dem ersten Eingreifen Barbarossas in die Biberacher Geschicke) geschehen sein.

Genau in die gleiche Richtung – Einfluß des Welfenhauses – weist uns aber auch eine gründliche Durchforschung der ältesten Stadtanlage. Der auffallend große, zentrale Dreiecksplatz steht nicht allein. Ähnliche Anlagen in ganz Süddeutschland und Österreich wurden untersucht und haben sichere Anhaltspunkte für die Datierung solcher Anlagen gegeben. Vergleichen wir, was vor allem österreichische Forscher zur zeitlichen Festlegung von Lang- und Dreiecksplätzen festgestellt haben, mit der wohlerhaltenen Biberacher Großanlage, so werden wir darauf hingeführt, daß sowohl der Dreiecksmarkt, als auch die von ihm ausstrahlenden Rippengassen und die von ihnen gebildeten regelmäßigen Häuserblöcke südlich und nördlich des Markts einem Typus zugehören, der kaum der Zeit zwischen 1170 und 1200, sondern weit eher dem Zeitraum um 1140 bis 1170 zuzuweisen ist.

Dann wäre eine große Marktanlage – durchaus noch keine Stadt! – schon um die Mitte des 12. Jahrhunderts, aber schwerlich von den Staufern gegründet worden. Für dieses Großunternehmen kommen, aus vielen Gründen, eigentlich nur die Welfen in Frage, die ja in der unmittelbaren Nachbarschaft saßen, gewissermaßen vor der Haustür. Für sie war ein befestigter Markt, angelehnt an die alte Martinskirche (und eine wohl um diese herumgelagert zu denkende bäuerliche Siedelung) von geradezu in die Augen springendem Vorteil. Wenn die Welfen diesen Grund und Boden besaßen, dann verstehen wir die Marktanlage ebenso wie die Weingartner Heiligen in Biberachs Martinskirche.

Deutlich hebt sich von den regelmäßigen Blöcken dieser Anlage ein winkeliger, scheinbar planloser, keinesfalls geplant wirkender Bezirk ab: die Gassen, Rampen, Stiegen und Treppengänge unterhalb der Burg, zwischen Obertor und Rechtor. Gewiß ist die bewegte, krumme Gassenführung hier auch vom ansteigenden Gelände bestimmt, aber innerhalb einer regelrecht geplanten Anlage hätte sich das doch ohne Zweifel anders ausgenommen. Hier scheint, angeschmiegt an die Burg und von ihr gedeckt und beschützt, ein noch älterer Siedelungsbereich erhalten geblieben zu sein, über dessen Alter wir kaum Vermutungen wagen. Wenn er älter war als die Marktplanung der Welfen nach 1140, dann könnte er, die Existenz einer wie immer gearteten Burg vorausgesetzt, als deren Burgweiler oder Wirtschaftsflecken gedeutet werden. Eine solche Anlage der Zeit ab etwa 1050–1080 zuzuweisen, liegt nahe. Es darf darauf hingewiesen werden, daß gerade in diesem Bereich Spuren sehr hohen Alters und früher Besiedelung nachgewiesen sind: die Reihengräber beim Gigelturm. Eben diesem Bauwerk aber haben örtliche Biberacher Berichte, deren Gewicht wir nicht unterschätzen sollen, ein hohes Alter zuzuweisen gewußt und es noch in die Ottonenzeit hinaufsetzen wollen. Das ist wohl zu hoch gegriffen, aber einen befestigten Sitz eines hochfreien Herren wird man wenigstens fürs 11. Jahrhundert an dieser Stelle vermuten dürfen. War es der 1083 bei der Gründung des Klosters Sankt Georgen im Schwarzwald erwähnte Herr Liupolt von Bibra?

Dann könnte die älteste Geschichte Biberachs etwa so abgelaufen sein: Spätestens um 800 besteht, erhöht und befestigt, eine Martinskirche mit den Mitpatrozinien Maria und Michael. Eine Mauritiuskapelle befindet sich nicht weit davon. Westfränkische Heilige aus der Isle de France werden später dort verehrt. Eine bäuerliche Siedelung scheint zu bestehen. Die Kirche erhebt sich unmittelbar am Wasser, in ihr wird auch Johannes der Täufer verehrt: sie mag also damals Taufkirche einer kleineren oder größeren Umgebung sein.

Die Salierzeit fügt westlich davon, ältere Besiedelung vielleicht nutzend, eine Steinburg auf der beherrschenden Anhöhe hinzu; zu ihren Füßen entsteht der für das Funktionieren der Burg unumgänglich notwendige Burgweiler. Er erstreckt sich noch längst nicht bis zur Martinskirche, dazwischen liegt vielmehr freies Feld. Beide Kerne zu verbinden, ist die großzügige Konzeption eines reichen und mächtigen Mannes ab etwa 1140 Ist es nicht auffallend, daß gerade dieses Datum, das die moderne Stadtplanforschung für den Marktplatz ansetzen muß, in Biberachs ältesten Chroniken mit einer gewissen Hartnäckigkeit als wichtiges Datum der Stadtgeschichte genannt wird?

Der Mann, der solchermaßen Geld und Macht, Weitblick und Tatkraft vereint, wäre so gesehen kein Unbekannter. Aus zeitlichen Gründen kommt nur Herzog Welf VI. in Frage, dessen Freude am Städtebau wir etwa am Plan seiner Stadt Memmingen ablesen können. Ein Vergleich von Memmingen und Biberach ergibt manch aufschlußreiche Einzelheit. Die Förderung eines Markts in Biberach, einer Anlage, die Burg, Burgweiler und Kirchsiedlung zusammenbinden sollte und zugleich den großangelegten welfischen Plänen in Oberschwaben dienen konnte, paßt durchaus ins Bild, das wir uns von dem lebenstüchtigen und energischen Oheim Friedrich Rotbarts machen können.

Damit ist das Stichwort gefallen, das in besonderer Weise geeignet ist, Biberachs Anfänge zu klären. Wie kam denn nun Kaiser Friedrich in den Besitz dieses Gebietes? Staufisches Stammland war Biberach sicher nicht; die Staufer sind südlich der Donau erst im 12. Jahrhundert entweder durch Kauf oder durch eine

Art Zwangserbrecht des Herrschers gegenüber aussterbenden und ausgestorbenen Familien ins Spiel gekommen. Der große Schlag, der die Staufer für dauernd, bis zu ihrem Aussterben, nach Oberschwaben brachte und sie dort für ein Jahrhundert zur entscheidenden politischen Kraft machte, gelang Barbarossa bald nach 1167.

Herzog Welf VI., der mit vielen Gründen als Urheber der Biberacher Marktsiedelung angesprochen werden kann, verlor seinen einzigen Sohn, Welf VII., im Jahre 1167, auf einem Kriegszug Barbarossas in Italien. So plötzlich erbenlos, beschloß Welf VI., seinen sehr großen Territorialbesitz einem seiner beiden Neffen zu vermachen. Der Brudersohn Heinrich der Löwe und der Schwestersohn Friedrich Rotbart kamen gleichermaßen in Frage. Dem Rotbart gelang es, den welfischen Vetter auszuspielen; er ganz allein errang das reiche Erbe. Zwischen 1168 und 1190 ging aller Welfenbesitz aus der Hand Welf VI. an den Kaiser über. Am ehesten damals kam die Marktsiedelung Biberach in die Hand Friedrichs. Vielleicht war noch nicht einmal alles fertig, was Welf VI. begonnen hatte. Daß Biberach – nun staufisch geworden – am Ende des 12. Jahrhunderts erst richtig aufblühte, liegt am Tage.

So wäre erst die letzte Phase in der Frühgeschichte der Stadt im eigentlichen Sinne staufisch: die Erhebung zur Stadt. Biberach wäre dann, wie so manche andere süddeutsche Königsstadt, nicht in einem Zuge aus dem Nichts zur ummauerten Stadt „erhoben“ worden, sondern hätte sich langsam und in Abschnitten entwickelt: auf die frühe Kirche wäre die Burg mit dem Burgweiler gefolgt, dieser hätten, ein Jahrhundert später, die Welfen die großzügige Marktanlage zugefügt, und der Rotbart oder einer seiner Söhne hätte mit Ausbau und Ummauerung die Anlage abgerundet und mit der Verleihung eines Stadtrechtes den langen Prozeß auch rechtlich abgeschlossen.

Wann das geschehen ist, können wir kaum ertasten: 1192 soll es schon einen Stadtammann gegeben haben, doch diese Notiz will der historischen Kritik nicht recht standhalten. Auch daß der schwäbische Pfalzgraf, Rudolf von Tübingen, 1216 und 1219 an des staufischen Herzogs Stadt sein Richteramt in Biberach ausübt, sagt nicht mit letzter Sicherheit, daß die Stadt schon „fertig“ war, im vollgültigen Rechtssinne bestand. Aber der Aufenthalt des später so unglücklichen Königs Heinrich VII., des Sohnes Kaiser Friedrichs II., in Biberach 1226 beweist, daß der Platz jetzt eine Stadt in der Hand des staufischen Hauses war. 1239 ist ein Stadtammann als Haupt der Stadtverwaltung bezeugt, im Reichssteuerverzeichnis steht die Stadt 1241 schon mit einem ansehnlichen Betrag. Um 1258 wird dann auch das entscheidende Rechtswort „civitas“ in einer Urkunde gebraucht. Gefördert von Friedrich Rotbart und seinen beiden zum Herrscheramt gelangten Söhnen ist Biberach zur Stadt geworden; spätestens unter dem Enkel Friedrich II. war diese Entwicklung abgeschlossen. Im letzten Jahrzehnt staufischer Macht in Schwaben, zwischen 1235 und 1246, finden wir Biberach als gültige und blühende Stadt.

Noch in diesen Zeitraum früher Blüte reicht, mindestens in ihren Ansätzen, die Stiftung des Biberacher Spitals zurück, jener großartigen Einrichtung, die für den Bestand und die wirtschaftliche Wohlfahrt des Stadtstaates so überragende Bedeutung gewinnen sollte. Reiche Biberacher Stadtbürger – von Patriziat spricht man in so frühen Zeiten besser noch nicht – und Mitglieder des mit der Stadt schon früh verbundenen Landadels tun sich zusammen zu diesem großen Werk, das ebenso weit vorausschauender Gemeinwohlfahrt wie der Sicherung des eigenen Seelenheils dient.

Bezeichnend: die große Anlage, rasch reich und früh mit eigener Landerwerbspolitik expansiv, steht außerhalb der schützenden Stadtmauern. In diesem sicheren, vom kaiserlichen Willen zum allgemeinen Landfrieden bestimmten Zeitraum kann ein so raumgreifender Gebäudekomplex ganz ruhig außerhalb des städtischen Mauerrings bestehen. Erst die folgenden Geschlechter, in innere Kriege verstrickt, müssen erfahren, wie gefährlich eine solche Lage sein kann. Im 14. Jahrhundert, wahrscheinlich bald nach 1377, wird die ganze große Baugruppe notgedrungen hinter die schützenden Mauern der Stadt verlegt.

Eine ruhige Entwicklung unter Königsschutz war keiner der staufischen Städte in Schwaben vergönnt. Kaum gegründet, wurden sie in den Parteienkampf nach dem Tode Konrads IV. hineingezogen. Erst unter König Rudolf von Habsburg beruhigten und klärten sich die Verhältnisse wieder. Wie andere frühere Königsstädte strebt Biberach jetzt die unmittelbare Unterstellung unter das Reich an; der Zug zur „Reichsstadt" wird eingeleitet. König Rudolf unterstützt das mit einem weitgehenden Privileg von 1282. Die Stadt erholt sich. Wohl schon in diese Zeit zurück geht ihre besondere Beteiligung am Vertriebe von in der Stadt gewobenen Textilien. Dies scheint die wesentlichste Grundlage für das wirtschaftliche Emporkommen Biberachs gewesen zu sein, das wir so deutlich nach 1300 feststellen können. Im 14. Jahrhundert kommt eine neue Textilart in Aufnahme, Barchent, ein Mischgewebe aus heimischem Leinen und über die Alpen eingeführten mittelmeerischer Baumwolle, das den Biberacher Webern Verdienst und einen gewissen Wohlstand, den Biberacher Kaufleuten in Fernhandel Verdienst und durch ins Ausland reichende Handelsgesellschaften Weitblick und Weltläufigkeit brachte.

Es bildet sich eine städtische Oberschicht aus, nicht eigentlich ein Patriziat im Sinne und in der Struktur oberdeutscher Patriziate um 1500, aber eine wirtschaftlich starke, in der städtischen Selbstverwaltung tonangebende, vor allem dem Fernhandel zugewandte Personengruppe, noch nicht in dem Maß kleinlich abgeschlossen, wie das im 16. Jahrhundert für Biberach bezeichnend ist, sondern Neuzugezogenen offen und Aufsteigenden keinesfalls verschlossen. Neben dieser Gruppe spielen die Handwerker keine so mächtige Rolle wie in anderen oberdeutschen Städten. Sie erringen zwar mit der Bildung von Zünften 1374 auch einen politischen Erfolg, aber die Führung der Stadt bleibt bei der Kaufleutegruppe, die aus vielen „Ständen" gemischt, keinen Unterschied zwischen dem Ritterbürtigen und dem durch Wagemut aufgestiegenen Handwerkersohn kennt.

Das fünfzehnte Jahrhundert war Biberachs große Zeit. Ganz kurz vor 1400 gelangen der Stadt zwei für ihre Rechtsstellung entscheidende Erwerbungen: sie brachte 1396 das Ammann-Amt aus Königshand an sich und konnte nun den bisher vom König oder seinem Stellvertreter gesetzten höchsten Amtsträger innerhalb ihrer Mauern selbst bestimmen. Zwei Jahre darauf, 1398, erwarb sie auch den Blutbann und hatte nun die uneingeschränkte hohe Gerichtsbarkeit über die Stadt und das Stadtgebiet. Der Besitz des Spitals wuchs, der Reichtum der einzelnen wie der Stadt nahm zu. Die große Stadterweiterung, gegen 1370 begonnen und um 1400 wohl im wesentlichen abgeschlossen, spricht eine beredte Sprache. Die Stadt hatte die Kraft und die Mittel, lange Strecken ihres südöstlichen, östlichen und nordöstlichen Mauerrings niederzulegen und mit einem ausgreifenden Mauerneubau weite Flächen östlich und nördlich der bisherigen Mauern in das gesicherte Stadtgebiet einzubeziehen. War die Mauer bisher, von einem Rißarm als Graben zusätzlich geschützt, unmittelbar östlich von Schwestern-Klause, Spitalhof, Stadtpfarrkirche und Bürgerturm verlaufen, so holte sie jetzt weit nach Osten aus. Mit dieser neuen Stadtmauer war ein bedeutendes Gebiet in die Stadt einbezogen, war zusätzlicher Siedelungsraum geschaffen. Die neue Mauer konnte allerdings nicht ganz befriedigend an die alte angefügt werden: im Süden, beim „Einlaß", gab es einen fortifikatorisch nicht sehr geschickten einspringenden Winkel, und im Norden war die Mauerführung westlich des Siechentors gleichfalls nicht eben günstig. Aber gerade an diesen „Nahtstellen" können wir bis heute den Verlauf der älteren und den Ansatz der jüngeren Stadtmauer deutlich verfolgen. Mit dieser großzügigen Stadterweiterung hat Biberach den Umfang gewonnen, den es bis zum Beginn des vorigen Jahrhunderts nicht mehr überschreiten sollte. Für vierhundert und mehr Jahre hat der vor 1400 abgesteckte Umfang genügt, der Stadt den gesicherten Raum zu geben, auf dem Wohlstand, ja Reichtum gedeihen konnten.

Die Einwohnerzahl jener Tage ist nur schwer abzuschätzen. Selbst wenn man die Zahl der Haushaltungen, der „Rauchfänge", der „haushäbigen Bürger" kennt, weiß man darum noch nicht, wieviel Kinder man jeder Familie, wieviel Gesinde man jedem Haushalt, wieviel Gesellen man jedem Meister zuzählen muß.

Auf 4000 bis 5000 Einwohner wird man die Bevölkerung um 1400 sicher veranschlagen dürfen. Nach Ulm, Augsburg, Memmingen und Ravensburg stand Biberach wohl an fünfter Stelle unter den oberschwäbischen Reichsstädten; auch wenn seine Handelsbeziehungen nicht so weitgespannt waren wie etwa die der Nachbarstadt Ravensburg, so ist doch unverkennbar, daß der von Biberach ausgehende Handel durchaus auch Fernhandel war. Die Brandenburg, Sched, Weißhaupt haben früh Handelsgesellschaften gegründet, ebenso die Scherrich, und seit neuestem wissen wir, daß auch die anfangs des 15. Jahrhunderts aus den habsburgischen Landen zugewanderte, rasch ins Patriziat aufgestiegene Familie Lamparter einen allem Anschein nach umfangreichen Fernhandel betrieb.

Der Reichtum der Stadt, ablesbar an ihren öffentlichen Bauten, ablesbar auch an immer ansteigenden Studentenzahlen junger Biberacher an deutschen und außerdeutschen Hochschulen, ablesbar schließlich an einem ungewöhnlich kostbaren Schmuck der Kirchen und Kapellen (von dem ein rücksichtsloser Bildersturm am Beginn der Reformation nichts als ein Verzeichnis des unwiderbringlich Zerstörten übrig ließ), dieser Reichtum ist es, der bis heute dem Stadtbild den Charakter des Wohlhäbigen und dabei doch Großzügigen aufgeprägt hat. Auch wenn viele der heutigen Hausfassaden erst nachmittelalterlich, erst von Renaissance und Barock geschaffen sind – das Gesamtbild ist doch, ähnlich Memmingen und Nördlingen, im Grundton ein mittelalterlich bestimmtes, ein gotisches geblieben. Martinskirche, Spitalkomplex und altes Rathaus beherrschen das Stadtbild bis heute. 26 mittelalterliche Türme können wir auf dem Stich von Merian abzählen; wenigstens drei von ihnen konnten vor der Abreiß-Wut des 19. Jahrhunderts gerettet werden.

Daß Biberacher Gewebe bis nach Niederdeutschland und England, Frankreich und Spanien abgesetzt wurden, läßt sich urkundlich beweisen. Schwieriger zu greifen und erst in ihren Anfängen erforscht ist die Rolle Biberachs im Veredelungs- und Kunstgewerbe des Spätmittelalters. Wenn Ulm für die monumentale Kunst großer Schnitz- und Wandelaltäre ein weithin ausstrahlender Mittelpunkt war, so scheinen von Biberach die Werke von Kleinkünstlern, Drechslern, Steinschneidern, Drehern, Goldschmieden und Bossierern weithin ausgeführt worden zu sein. Die Kunstpflege einzelner großer Biberacher Geschlechter, etwa der Brandenburg und der Pflummern, war dem Mäzenatentum der Ulmer und Augsburger Häuser ebenbürtig; die humanistisch bestimmten Biberacher Büchersammlungen um 1500 müssen bedeutenden Rang gehabt haben.

In dieses gleichmäßige und wohlgeordnete, abgerundete und reiche Staatswesen einer Reichsstadt mit einem Hinterland von etwa 30 Dörfern bringt seit 1521 die Reformation religiöse und 1525 der Bauernkrieg soziale Unruhe. Die Stadt war ihren ländlichen Hintersassen sicher kein bequemer Herr gewesen, andererseits kann von Unterdrückung oder gar unmenschlicher Behandlung der Untertanen keinesfalls die Rede sein. So hat denn auch Biberach die Folgen des Bauernkrieges leichter und rascher überwunden als die der Reformation. Diese ist – in dem Stadtstaat besonders nachhaltig und wegen der letztlich doch starken Begrenztheit aller Verhältnisse besonders lange wirkend – durch die verewigte (fast möchte man sagen versteinerte) Glaubensspaltung für mehr als ein Jahrhundert zum Schicksal und zum Verhängnis für die Geschicke der Stadt geworden.

Wie alle deutschen Städte mit regem und wohlhabendem Bürgertum haben einzelne Gedanken aus dem großen Bündel reformatorischer Ideen auch in Biberach früh gezündet. Humanistische Vorstellungen und reformerischer Wortschatz gehen auch hier Hand in Hand, und zunächst findet das neue Gedankengut durchaus Zustimmung. Bald aber – und verstärkt nach dem viele erschreckenden Bauernaufstand – meldet sich eine konservative, den alten Glauben verteidigende Gruppe unüberhörbar zu Wort. Es wächst aus einer zunächst auf rein geistige Vorgänge abzielenden Erregung und Bewegung eine auch mit handgreiflichen politischen Interessen verquickte Auseinandersetzung innerhalb der Stadt herauf, bei der es nicht ausschließlich mehr um religiöse Belange, sondern auch um die Fragen des Stadtregiments, geht.

Die Biberacher Reformation hat einen komplizierten Verlauf genommen; sie hat sich auf fast unlösbare Weise mit sozialen und wirtschaftlichen, aber auch mit stadtpolitischen Fragen verschränkt und hat so 100 Jahre lang der Stadtgeschichte ihren Stempel aufgeprägt. 1528 wurde mit Christoph Gräter aus altem Biberacher Geschlecht der erste evangelische Bürgermeister gewählt, und zunächst schien es durchaus, als werde Biberach, wie andere Reichsstädte, ganz der neuen Lehre zufallen. Wie auch anderswo, waren die Handwerker, die Zünfte, die Kaufleute in ihrer überwiegenden Mehrzahl der Reform nicht unfreundlich gesonnen, ja mehr und mehr von ihr ergriffen, schließlich ihr verschworen. Demgegenüber schien die Hinneigung der patrizischen Familien zur alten Lehre zunächst nicht viel zu besagen. Auch in Ulm blieb ja ein Teil des Patriziates, auch der reichen Kaufmannschaft, zunächst ähnlich konservativ. In Biberach aber verfestigte sich die Treue der kleinen patrizischen Schicht zur hergebrachten Religionsform innerhalb einer Generation so sehr, daß man geradezu von einem ganz (oder doch nahezu) geschlossen katholischen Patriziat sprechen kann. Numerisch bedeutete das nicht allzuviel: Mehr als neun Zehntel der Bürgerschaft waren neugläubige, zahlenmäßig schlugen also die katholisch gebliebenen Patrizier kaum zu Buch. Aber es gehörte eben schon durch das ganze Spätmittelalter zu den auffallenden Eigenheiten Biberachs, daß in seiner Verfassung und in seinem Herkommen den Patriziern de jure und de facto ein viel größerer Einfluß am Stadtregiment zukam als anderswo. Auch in Esslingen, auch in Heilbronn gab es eine altgläubige Oberschicht, aber sie hat sich auf die Dauer nicht gegen die Reformation durchsetzen können. In Biberach hat ein ständisch eben gerade durch die Reformation sich fester zusammenfügendes Patriziat seine Stellung so halten und ausbauen können, daß es den Neugläubigen, die neun Zehntel der Einwohnerzahl ausmachten und elf Zwölftel der Steuersumme aufbrachten, wie eine Sperrminorität seinen Willen im Stadtregiment aufzwingen konnte.

Lange hat die evangelische Majorität zwischen Luthertum und Zwinglianismus geschwankt. Der eigentliche Reformator, Martin Cleß aus Uhingen, stand in dem heillosen Streit der Reformatoren eher auf Luthers Seite, die Reichsstadt aber und ihr führendes Bürgertum, den Städten Ravensburg, Memmingen, Ulm und Konstanz so vielfach durch Handels- und Familienbeziehungen verbunden, neigte eher zu Zwingli und den oberdeutschen Reformatoren. Drei Reichsstädter haben denn auch die Biberacher Reformation in ihren militanten Charakter hineingeführt, als sie 1531 gleichzeitig – wenn auch nur kurz – in der Stadt wirkten: der von Basler Eltern in Weinsberg geborene Johannes Oikolampadios (Ökolampad), der Straßburger Martin Bucer und der Konstanzer Ambrosius Blarer. Vor allem Blarer, der erfolgreiche Reformator der Reichsstädte Memmingen und Esslingen, hat Biberachs Anlehnung an Zwinglis Richtung durchzusetzen gewußt; auf Ökolampads konsequente Härte geht die Unerbittlichkeit zurück, mit der man in Biberach mit dem Kunsterbe des Mittelalters aufräumte. Der große Schongauer-Altar der Stadtpfarrkirche wurde damals zerstört. Doch das Lebensende Zwinglis, der Fortgang der Züricher Reformation und die Haltung des Kaisers, nur das Augsburgische Bekenntnis für das Reich – wenigstens vorläufig – gelten zu lassen, führten auch Biberach zu einem (gemäßigten) Luthertum und einer Anlehnung an das Herzogtum Wirtemberg; dort hatte man gleichfalls einen Kompromiß zwischen lutherischer und oberdeutscher Richtung zu verwirklichen versucht.

Dieses Schwanken der reformatorisch gesonnenen Biberacher Mehrheit, diese Schwierigkeiten, sich dogmatisch und politisch in den Richtungskämpfen innerhalb der Reformation hindurchzufinden, ließ dem erstarkenden und seiner Bedeutung sich immer deutlicher bewußt werdenden katholischen Patriziat mehr und mehr politischen Spielraum. Der Anschluß der Stadt an den protestantischen Schmalkaldischen Bund 1546 verwikkelte sie in die vernichtende Niederlage der Schmalkaldener; der siegreiche Kaiser hat die Stadt nicht geschont, ihr vielmehr 1547 eine lastende spanische Besatzung und ungemein hohe Strafgelder auferlegt. Schließlich hat Karl V., auf der Höhe seiner Macht, seine Konzeption vom Gedeihen aller Reichsstädte unter ausschließlich patrizischer Herrschaft bei völliger Entmachtung der als unzuverlässig, neugläubig und antikaiserlich angesehenen Bürger und Zünftler, auch in Biberach gewaltsam durchgesetzt. Erst jetzt ist das Patriziat endgültig als ausschließliche politische Führungsschicht etabliert, von jetzt ab wird es ein Jahrhundert lang im Rate nur noch katholische Politik machen, so wie die evangelische Mehrheit ein Jahrhundert lang nur noch ihre (evangelische, antipatrizische, antikatholische) Politik als Stadtpolitik versteht.

Auf beiden Seiten ist viel ehrliche Überzeugung, viel Glaubensmut, ja schließlich Bereitschaft zum Dulden und Leiden für den als richtig erkannten Glauben bewiesen und konsequent durchgelebt worden. Beispiele von beiden Seiten beeindrucken durch Größe und Geradheit dieses Glaubenseifers. Und doch wird man befremdet von dem stets kleinlicher werdenden Winkelkrieg, diesem ewigen Gegeneinander, diesem engen Parteiensystem und diesem ununterbrochenen Hereinziehen dritter „Schutzmächte" in die innerstädtischen Angelegenheiten. Von Jahrzehnt zu Jahrzehnt wächst in der Stadt das gegenseitige Mißtrauen; die Protestanten lehnen sich an Wirtemberg, die Katholiken an den Kaiser an, keine Frage der Stadtpolitik kann mehr anders denn als konfessionelle Frage gesehen werden. Die Protestanten weisen mit Recht auf ihre Überzahl, auf ihre Wirtschafts- und Steuerkraft hin, sie fühlen sich nicht ohne Grund (modern gesprochen) unter-repräsentiert; die Katholiken aber haben das gesetzte Recht, den kaiserlichen Regimentsplan für das Patriziat und die Unterstützung des Reichsoberhauptes für sich. Diese Verhältnisse steigern sich fast ins Unerträgliche; schon vor dem Ausbruch des Dreißigjährigen Krieges ist ein Zustand gegenseitiger Lähmung erreicht, der die wirtschaftliche und künstlerische Blüte der Stadt rasch welken läßt. Vom Reichtum, vom Rang der Stadt um 1500 war hundert Jahre später wenig mehr zu spüren.

War schon vor Ausbruch des Dreißigjährigen Krieges in Biberach die Spannung aufs höchste gestiegen, scheinbar keiner Steigerung mehr fähig, so zeigte erst die Verschärfung der allgemeinen Kriegslage seit 1628, was alles noch die Stadt treffen sollte. Das erste Kriegsjahrzehnt 1618–1628 war im ganzen fast glimpflich abgelaufen: Truppendurchzüge, Plünderung, Brandschatzung, Geldentwertung, Seuchen, Rückgang des Handels – das alles wurde bitter und schwer empfunden und war doch erst ein Vorspiel. Im Frühjahr 1628 besetzten kaiserliche Truppen die Stadt, und von da an begann der ohne Zweifel dunkelste Abschnitt der Stadtgeschichte: volle 22 Jahre ist die Stadt nicht mehr zu eigenem politischen Handeln fähig gewesen, 22 Jahre lang war sie abwechselnd – einmal von den Kaiserlichen, einmal von den Schweden – besetzt. Nach jeder Belagerung, nach jedem Besitzwechsel kommt es unter dem Druck des Siegers zu einer völligen Umkrempelung der politischen und wirtschaftlichen Verhältnisse; Macht wird, – von siegreichen Katholiken ebenso rücksichtlos wie von siegreichen Protestanten – ausgeübt und durchgesetzt. Keine Partei steht der anderen darin in Härte und Unnachgiebigkeit nach. Es scheint, als sei das Bewußtsein, daß man, wenn auch bei verschiedenem Glaubensbekenntnis, doch immer noch Bürger einer und derselben Stadt war, vollkommen erloschen, weggefressen vom Fanatismus, vom unabdingbaren Willen, den Gegner völlig niederzuzwingen. Mit der kaiserlichen Besetzung 1628 beginnt die harte Unterdrückung der Protestanten, ihre Entfernung aus allen Ämtern, ihre Bespitzelung und Überwachung. Als aber im Frühjahr 1632 die Schweden Biberach erobern, heben sie die unterlegenen Protestanten in den Sattel, die nun den Katholiken alles heimzahlen, was ihnen angetan wurde. Dreimal belagern dann in rascher Folge die Kaiserlichen die Stadt, beim dritten Mal im September 1633 gelingt ihnen die Rückeroberung. Und sofort kehrt sich der Spieß wieder um, doch nicht für lange: im März 1634 ziehen erneut die Schweden als Sieger in die Stadt. Und wieder halten sie sich nun an der katholischen Bürgerschaft schadlos, bis die katastrophale Niederlage der Protestanten und Schweden vor Nördlingen im September 1634 dem Kaiser wieder die Oberhand gibt. Am 18. September 1634 zieht ein kaiserliches Heer wieder und diesmal kampflos, in Biberach ein, und nun beginnt einmal mehr die Verfolgung der Protestanten. Sie bringt die finanziell und wirtschaftlich ausgeblutete Stadt vollkommen an den Rand des Ruins, ja führt recht eigentlich schon in ihn hinein. Eine nicht zu bändigende Hungersnot breitet sich aus, die Pest rafft volle zwei Drittel der Einwohner weg.

Da begibt sich etwas Merkwürdiges: in der Stadt, die drei Menschenalter nur noch den konfessionellen Kampf gekannt hatte, die gerade jetzt vom Kriegsgeschehen von außen zerstört wurde und sich innen vollends selbst zerstört hatte, regt sich auf beiden Seiten, gleichzeitig und spontan, die Vernunft. Was in den Tagen des Wohlstands nicht möglich war, tritt jetzt, in der äußersten Armut und Todesnot auf den Plan: die Einsicht, daß nur noch in der Versöhnung, im verständigen Kompromiß, in gegenseitiger Duldung eine Hoffnung, eine Rettung sein könne. Es kommt, mitten im Konfessionskrieg, zu einer wenn auch zunächst nur interimistischen Regelung der Regierungs- und der allgemeinen Lebensverhältnisse, bei der erstmals von ferne jene Vorstellung auftaucht, die zwölf Jahre später dann Biberachs Rettung bringen sollte: die unbedingte Parität. Zuerst, mindestens in Biberach zuerst, gedacht und erwogen hat das der Jurist Georg Gaupp, ein Stadtkind, Protestant, aus zünftischer, früher mit dem Patriziat verschwägerter Familie, die wegen ihrer protestantischen Haltung den Sitz im Rat verloren hatte. Seinem Vater war 1628 übel mitgespielt worden, aber der Sohn – durch weite Reisen durch halb Europa weitherzig und aufgeschlossen – strebte den Ausgleich mit den Katholiken an. Sein großer Gönner und politischer Mentor, der Lindauer Jurist Valentin Heider, der Vertreter der oberdeutschen Städte auf dem Westfälischen Frieden, hat später diesen Gedanken formuliert und ihm zu durchschlagender Wirkung verholfen.

Zunächst freilich trägt das Mühen um Ausgleich keine Früchte. Noch einmal wird Biberach erobert, diesmal – 1646 – von den Franzosen, die aus der wirtschaftlich nahezu völlig abgestorbenen Stadt ungeheure Lösegelder herauspressen, bis dann schließlich der Spätherbst 1648 zwar den Frieden, aber noch lange nicht den Abzug der Besatzer bringt. Zwar ziehen die Franzosen 1649 weg, doch als Garanten für die Räumung Süddeutschlands dürfen die Schweden laut Friedensvertrag Biberach besetzen. Erst im Sommer 1650, nach mehr als 22 Jahren, ist Biberach wieder eine freie Stadt.

Der Vertrag von Osnabrück, der Westfälische Friede, nennt an nicht weniger als vier Stellen die Stadt Biberach (V, § 3; V, § 11; V, § 29 zweimal, außerdem indirekt V, §§ 4–9). Er bringt, jetzt reichsrechtlich garantiert und abgesichert, die völlige, unbedingte Parität, jene Lösung des generationenlangen Haders, die man fast als Zauberformel ansprechen möchte, wüßte man nicht, daß ihre ersten gedanklichen Vorstufen aus dem Tiefpunkt des Jammers 1635/1636 stammen. Jetzt haben Gaupp und Heider etwas geschaffen, was man heute mit dem Wort „Einrichtung mit Modell-Charakter" bezeichnen möchte: für vier (bzw. fünf) Reichsstädte, die wie Biberach durch den konfessionellen Hader politisch und wirtschaftlich gelähmt waren und zugrunde zu gehen drohten, bringt die absolute, bis ins kleinste durchgeführte, gesetzlich verankerte Gleichberechtigung der Konfessionen und der mit ihr verbundenen Bürgergruppen im Stadtregiment nicht nur den Frieden, sondern die Möglichkeit eines gedeihlichen Neuanfangs. Für Augsburg, Biberach, Dinkelsbühl und Ravensburg, in gewissem Sinn auch für Kaufbeuren gewährt der Friedensvertrag diese Lösung, deren weitgehende Einzelregelungen für Augsburg ausführlich dargetan werden, aber auch für Biberach gelten sollen.

Man ist versucht, in der Rückschau manches von dem Eifer zu belächeln, mit dem die Parität bis ins Kleinste durchgeführt wurde. Viel wichtiger aber ist, daß nun endlich ein modus vivendi gefunden war, der für die wirtschaftlich so stark zurückgebliebene Stadt noch einmal – bis zum Ende des Heiligen Römischen Reichs – ein Aufblühen und einen behaglichen Wohlstand ermöglichte. Vor allem aber: die kulturelle Blüte Biberachs im 18. Jahrhundert, jene heiter-kultivierte Rokokozeit mit ihrer – trotz Wielands gutmütigem Spott über sein heimisches Abdera – unverkennbaren Weltläufigkeit wäre nie gediehen ohne das beruhigte politische und konfessionelle Klima nach 1648 und nach der Verkündung der Parität.

Georg Gaupp wird verdientermaßen der erste von der neuen paritätischen Verfassung geforderte evangelische Bürgermeister. Unermüdlicher Mahner zum Frieden in der Stadt wie als Gesandter Biberachs auf Kreis- und Reichstagen, trägt er zugleich zur wirtschaftlichen Gesundung des Gemeinwesens bei. Soweit es seine Mittel erlauben, fördert er die Künste (etwa in ihren Anfängen die berühmte, aus Biberach, dann in Dresden zu Weltruhm gelangte Goldschmiedefamilie Dinglinger), sorgt für das Schulwesen, für den Hochschulbesuch der Bürgersöhne, macht eine für ihre Zeit wegweisende Bücherstiftung, hinterläßt der Stadt eine kostbare Bibliothek. Es fehlt nicht an äußeren Ehren: er wird geadelt, die Familie kommt in das neue, von der Parität sozusagen zwangsläufig geschaffene evangelische „Neupatriziat“. Der Ahnherr Friedrich Hölderlins mag als der bedeutendste Biberacher des 17. Jahrhunderts gelten.

Danach hat Biberach wenig politische Geschichte mehr erlebt. Das späte 17. Jahrhundert ist eine Zeit des Wiederaufbaus: langsam werden die überschweren Kriegsschulden abgetragen, langsam saniert die Stadt sich wieder, sehr langsam erreichen – etwa um 1700 – die einzelnen Bürger wieder den Lebensstandard, den ihre Vorfahren um 1600 gehabt hatten. Trotz einiger Rückschläge ist dann das 18. Jahrhundert jene beschauliche Zeit, in der die wirtschaftliche Erholung hier – vor anderen Städten vergleichbarer Größe – ein blühendes Leben in allen Zweigen der Kunst hervorrief, dessen Intensität uns noch heute beeindruckt, dessen Grazie noch immer bezaubert.

Malerei und Plastik, vor allem aber die Kleinkunst der Goldschmiede und Gemmenschneider blühen auf. Biberachs Musikleben hat überraschende Höhe, seine Theaterfreudigkeit scheint keine Grenzen zu kennen. Opern, Singspiele, kaum am Kaiserhof oder in Hamburg aufgeführt, stehen auch schon in Biberach auf dem Programm; mit den Shakespeare-Aufführungen geht Biberach allen deutschen Städten voran. Der Musenhof im benachbarten Warthausen trägt das seine zu der überraschend bunten, vielfältig facettierten Biberacher Rokokokultur bei; Sophie von Gutermann-La Roche und Christoph Martin Wieland leiten ein neues Kapitel der deutschen Literatur ein.

Wäre das Wort vom Herbst eines Zeitalters nicht so abgebraucht, man möchte es für Biberach im 18. Jahrhundert anwenden. Wie in einem sonnigen Herbst voller Obst und Trauben wird hier geerntet und gekeltert, was seit dem Ende des Dreißigjährigen Krieges herangewachsen ist. Die zweite Jahrhunderthälfte ist – nehmen wir die notwendige Begrenzung durch die Verhältnisse einer kleinen, seit 1500 kaum mehr gewachsenen Stadt einmal als gegeben – hier von einer Liebenswürdigkeit, von einer Qualität, von einer Dichte all dessen, was wir Kultur zu nennen pflegen, wie sie in vergleichbaren großen Städten kaum irgendwo erreicht worden ist. Und setzen wir das Weimar der Anna Amalia zum Vergleich, so werden wir bedenken müssen, daß dort eine Residenz, eine Hofgesellschaft und eine geistvolle Fürstin die Blüte bewirkten, daß aber hier eine Stadt und ihre Bürger – Patrizier wie Handwerker – diese Rolle allein übernahmen. Das ist Vorzug und Grenze Biberachs in einem.

Das Ende des Heiligen Römischen Reichs bringt einen jähen Absturz. Man hat im 19. Jahrhundert sich in den von Napoleon geschaffenen süddeutschen Staaten nach Kräften bemüht, den Umschwung, das Ende der Unmittelbarkeit so vieler kleiner, aber gewachsener politischer Einheiten, ganz ausschließlich als Fortschritt, als Gewinn, ja als Glück für die Betroffenen darzustellen. In vieler Hinsicht trifft das zu, aber gerade im Falle Biberachs wird man gerechterweise auch sagen müssen, daß die Unterordnung – erst unter Baden, dann endgültig unter Württemberg – vieles gehemmt und manches unterbunden hat, was durchaus berechtigt gewesen wäre, weiter zu gedeihen. Fast ist man versucht zu sagen, daß das Biberach des reichsstädtischen Rokoko reicher war als das Biberach des königlich württembergischen Biedermeier.

Ganz kurze Wochen ist der Stadt noch einmal so etwas wie eine politische Rolle zugefallen: als bei dem großen Länderschacher im Pariser Bureau Talleyrands die ehemalige Reichsstadt 1805 dem scheinbar so entfernten Baden zugeschoben wurde. Auf den ersten Blick scheint das unüberlegt, zufällig, unorganisch, fast widersinnig. Versucht man aber, den komplizierten, von Intrigen und Spekulationen bestimmten, rasch wechselnden Entscheidungen jener Wochen nachzuspüren, dann wird man gewahr, daß allem Anschein nach eine kurze Zeit lang – wenigstens in Umrissen – ein französischer Plan bestand, die sehr entschiedenen Vorstöße Friedrichs von Württemberg nach Süden durch eine Art badischen Gürtel, Cordon, Riegel zu durchkreuzen. Warum Frankreich kurze Zeit diese Lösung – Baden bis an die Iller vorstoßen zu lassen – erstrebenswert schien, kann man nur ahnen. Jedenfalls hat der württembergische Monarch seinen Willen durchgesetzt. Biberach wurde endgültig württembergisch.

Das bedeutete unbedingte Unterordnung unter den Stuttgarter Zentralismus. Das bedeutete, wie bei so vielen Plätzen des „Oberlandes", eine gewisse Verarmung, mindestens im Kulturellen, und es bedeutete den Abbruch manches verheißungsvollen Ansatzes. Das bedeutete aber auch, seit der Mitte des 19. Jahrhunderts und in steigendem Maße in den letzten drei Menschenaltern, den Anschluß an die Neuzeit: mit Eisenbahnbau und Industrieförderung, mit Straßennetz und Bevölkerungswachstum, mit der Verbesserung vieler Lebensbedingungen, mit dem vielgerühmten „vollen Anschluß an die Gegenwart". Was an Eigenem, an unverwechselbar „Biberachischem" blieb, ist genug, um zu erfreuen, heiter zu stimmen, zu beglücken.

Biberach einst

Bildfolge ausgewählt von Gerd Maier

1 *Ansicht von Süden, um 1620 / View from south, around 1620 / Vue du Sud, vers 1620*

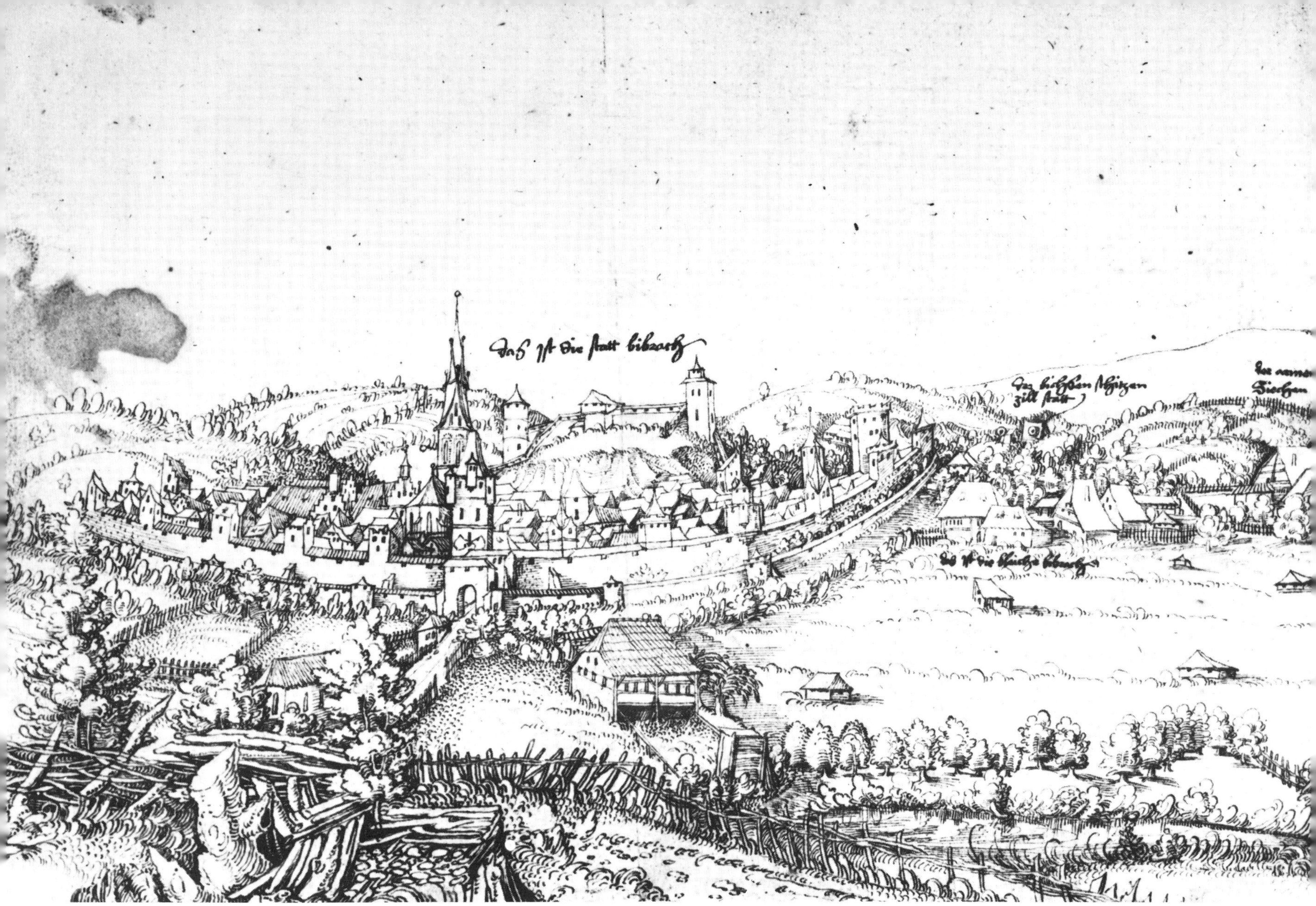

2 *Ansicht von Osten, um 1540 / View from east, around 1540 / Vue de l'Est, vers 1540*

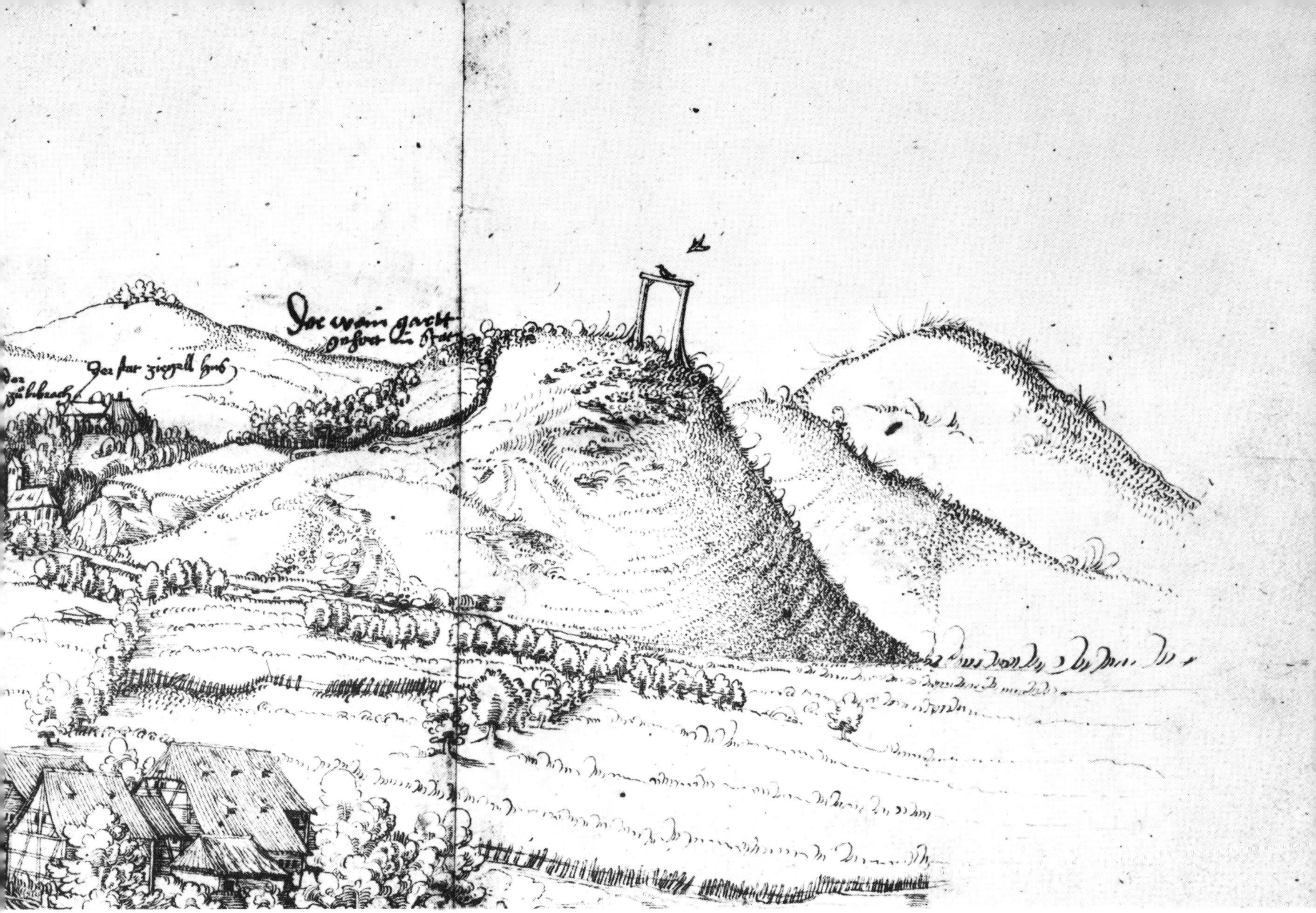
Der wain gartt
Der far ziegell hus

3 *Gesamtansicht aus der Vogelschau, 1643 / Overall bird's eye view, 1643 / Vue d'ensemble à vol d'oiseau, de 1643*
4 *Südansicht, 1657 / South view, 1657 / Vue Sud, de 1657*
5 *Nordostansicht, um 1730 / North-east view, around 1730 / Vue Nord-Est, vers 1730*

DIE REICHS STAD BIBERACH INN SCHWABEN.
MERIDIES.
1. Dasz Ober Thor.
2. Der Weysz Thurn.
3. Die Wacht strub.
4. Dasz Bigele.
5. Der Weber berg.
6. Rech Thor.
7. S. Nicolaus.
8. Der Eisubel
9. Dasz Siechen Thor.
10. S. Marthins Pfarkirchen.
11. Dasz Rathausz.
12. Dasz Graben Thor.
13. Dasz Spitel Thor.
14. Der Inlasz.
15. Dasz Spital.
16. Dasz Brechhausz.
17. Zum Hayligen Gayst.
18. S. Maria Magdalena.
Se vend A LEIDE chez PIERRE VANDER AA.

BIBERACH BIBERACH
Libera Imperii Civitas Circuli Suevici in tractu Algoviensi, in amoena valle, quam Ries perluit; 4. milliaria ab Ulma distat. Eis oppidis annumeratur, in quibus Paritas Religionis Catholicæ et et Evangelicæ observatur. Memorabilia et spectatu digna in eo sunt Templum Parochiale S. Martini, Hospitale, quod magnis gaudet privilegiis; Sacellum S. Nicolai, Curia et Stuba s. Coenaculum Patriciorum. Non procul ab urbe celebratur Balneum, cui Iordan nomen impositum, cujus aqua præcipue scabiei mederi traditur. Urbs privilegio donata est, ut si in ea Concursus Creditorum fiat, cives, si nuda chirographa monstrare queant, extraneis hypothecariis præferantur.
Freye Reichs-Statt in einen Thal in Schwaben. 4. Meilen von Ulm, bey dem Fluß Riß, allwo die Paritæt der Catholisch und Evangelischen Religion. Es sind darinnen zusehen S. Martins Pfarr Kirche, der Spital, welcher große Freyheiten hat, S. Nicolai Capelle, das Rathhauß, und die Geschlechter Stuben. Nicht weit davon aber befindet sich ein Bad, der Jordan genennet, so sonderlich wider die Krätze dienen soll. Die Statt hat ein privilegium, daß wann bey ihr ein Concursus Creditorum entstehet, die Burger mit ihren bloßen Handschrifften, denen frembden Hypothecariis vorgehen.
Cum Priv. Sacræ Cæsar. Majest.
Joseph Fridrich Leopold excudit A. V.

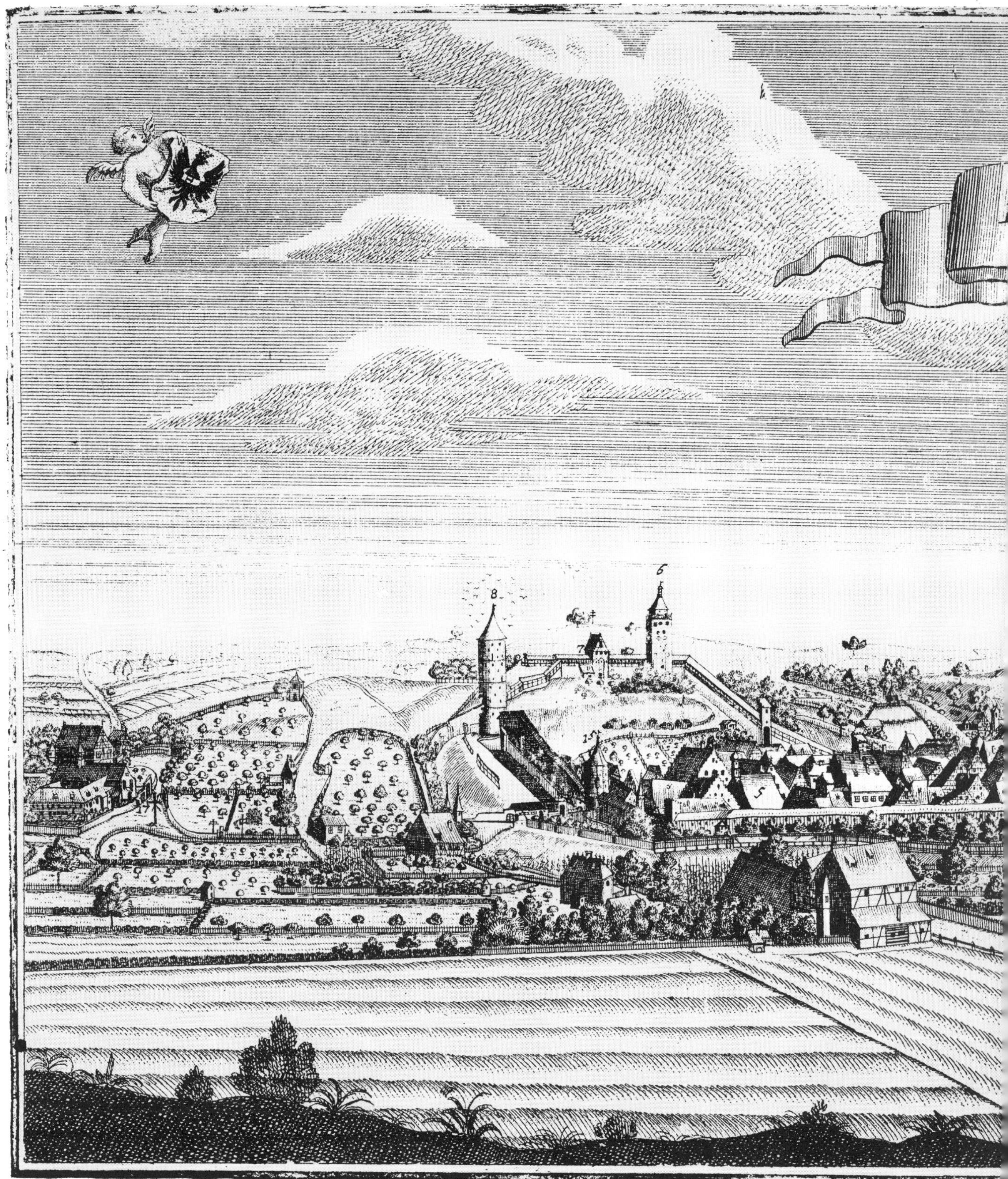

6 Südansicht, um 1730 / South view, around 1730 / Vue Sud, vers 1730

.	4. Das Schwestern Closter.	5. S. Nicolai Cappell	6. Das Gügele.
tadel.	10. Der Salzstadel	11. Die Eücht.	12. Das Grabenthor.
r.	16. Der Einlaß	17. Das Capuciner Closter.	18. Der Evangelische Gotts Acker.
orff.	22. Die Neue Bapir Mühl.	23. Straß nach Ulm	24. Stras nach Lindau.

Statt ist gegen Mittag anzusehen.

Melchior Rein. sc. aug: Vind.

7 *Der Marktplatz im Jahre 1768 / The market-place in 1768 / La place du marché en l'an 1768*

8 *Nordansicht, um 1795 / North view, around 1795 / Vue Nord, vers 1795*

9 *Südansicht, 1804 / South view, 1804 / Vue Sud, de 1804*
10 *Der „Kapellenplatz" / The „Chapel Place" / La „place de la chapelle"*
11 *Marktplatz mit Rathaus, 1816 / Market place with city hall, 1816 / Place du marché avec l'Hôtel de Ville, de 1816*

12 *Nordansicht, um 1830 / North view, around 1830 / Vue Nord, vers 1830*

13 Südansicht, 1837 / South view, 1837 / Vue Sud, de 1837
14 Sammelbild mit Nordostansicht, um 1855 / North-east view with surrounding pictures / Vue Nord-Est au centre, entourée de tableaux
15 Erstes Marktplatzfoto, nach 1860 / First photo of the market place, after 1860 / Première photo de la place du marché, prise après 1860
16 Marktplatz mit Rathaus, 1890 / Market place with city hall, 1890 / Place du marché avec l'Hôtel de Ville, de 1890
17 Ostansicht, 1889 / East view, 1889 / Vue Est, de 1889
18 Südansicht, 1889 / South view, 1889 / Vue Sud, de 1889

Königreich Württemberg
Stadt
Ober Amts Biberach.
Schloſs-Warthausen.
Merktplatz nebst Rathhaus.
Pfarrkirche.
Hospital.
Schloſs-Mittel Biberach.
Ulmer Thor.
Obere Thor.
Weiland Bürgerthurm.
Ehinger Thor.
Bahnhof.
Ehmaliges Postamts Gebäube.
Waisenhaus.
Schulhaus.

16

17

18

19 Die Gigelbergtürme / The Gigelberg towers / Les tours Gigelberg
20 Das ehemalige Ehinger Tor, abgebrochen 1877 / The former Ehingen portal, pulled down 1877 / L'ancienne porte d'Ehingen, démolie en 1877

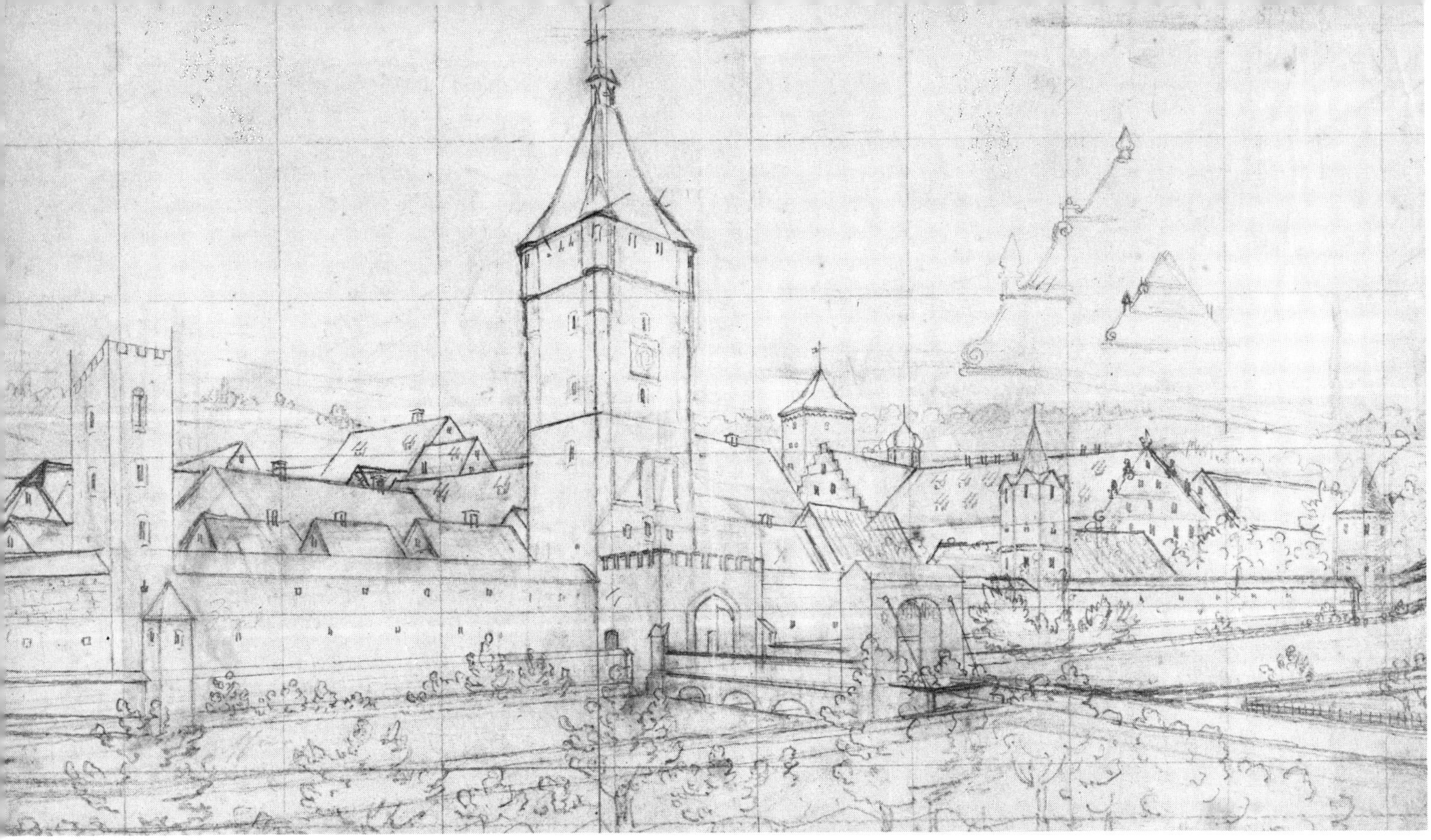

21 Das Ulmer Tor mit der Stadtmauer / The Ulm portal with city wall / La porte d'Ulm avec mur d'enceinte

22 Die „Promenade" am Ulmer Tor / The „Promenade" at Ulm portal / La „promenade" près de la porte d'Ulm

23 Das Harmonietürmchen / The small „Harmony" tower / La tourelle de l'„Harmonie"

Biberach 15/IX 92.
CWeiß

24 Das ehemalige Waldseer Tor, abgebrochen 1844 / The former Waldsee portal, pulled down 1844 / L'ancienne porte de Waldsee, démolie en 1844
25 Das ehemalige Riedlinger Tor mit der Stadtmauer / The former Riedlingen portal with city wall/ L'ancienne porte de Riedlingen avec mur d'enceinte

26 Das Riedlinger Tor von innen / The Riedlingen portal viewing from the inside / La porte de Riedlingen, vue d'intérieure

27 Abbruch des Riedlinger Tores, 1870 / Pulling down the Riedlingen portal, 1870 / Démolition de la porte de Riedlingen, de 1870

28 Der ehemalige Bürgerturm, abgebrochen 1844 / The former burghers' tower, pulled down 1844 / L'ancienne tour des citoyens, démolie en 1844

29 Der Brand des Kirchturms, 1584 / The church tower at fire, 1584 / Le clocher en feu, de 1584

30 Renovierung der Stadtpfarrkirche, 1933 / Renovation of the town's parish church, 1933 / Rénovation de l'église paroissiale de la ville, en 1933

31 Kloster der Franziskanerinnen, vor 1806 / Franciscan convent, before 1806 / Couvent des franciscaines, avant 1806

32 Kloster der Kapuziner, vor 1806 / Capuchin monastery, before 1806 / Couvent des capucins, avant 1806

33 Das alte und das „neue" Rathaus, 1889 / The old and the „new" city hall, 1889 / Le vieux et le „nouvel" Hôtel de Ville, de 1889

34 *Umbau der Gewerbeschule, 1909 / Rebuilding the Trade School, 1909 / La modification de l'école professionelle, en 1909*

Zur Einweihung des Mädchen-Schulhauses in Biberach

am 30. September 1907.

1.
Wir haben gebauet
Ein stattliches Haus.
Mit seinen Giebeln schauet
Es stolz ins Land hinaus.

2.
Als Zierde vom Städtchen
Der Bau sich ausnimmt.
Für unsre lieben Mädchen
Ist drum er auch bestimmt.

3.
Wie freun sich die Kinder
Zur Schul' jetzt zu geh'n.
Die Lehrer auch nicht minder
Vergnügt wir nunmehr seh'n.

4.
Stets Friede wird wohnen
Dort ohn' Ungemach,
Sind beide Konfessionen
Doch unter Einem Dach.

5.
Sozial kann gerechter
Als hier man nicht sein:
Des Volks- und Höh're Töchter
Geh'n beide aus und ein.

6.
Von Herzen wir danken
Den Vätern der Stadt;
Sie streuten ohne Schranken
Aus eine reiche Saat.

7.
Die städtischen Häuser
Sind all rühmenswert.
Den Stadtbaumeister Preiser
Auch dieses Bauwerk ehrt.

8.
In unserer Mitte
Der Wunsch wird noch laut:
Als Hort der guten Sitte
Sei dieses Haus gebaut.

9.
Der Segen erblühe
Doch stets diesem Bau:
Die Mädchen man erziehe
Zur zücht'gen, tücht'gen Frau!

E. K.

Hermann Sterk, Biberach.

35 *Einweihung der Mädchenschule, 1907 / Dedication of the Girls' School, 1907 / Inauguration de l'école de filles, en 1907*

36 Das Wächterhäusle neben der Kirche, um 1885 / The guard house at the church, around 1885 / La cabane à côté de l'église, vers 1885
37 Der Ochsenhauser Pfleghof, die heutige Realschule, 1824 / The Ochsenhausen „Pfleghof" today's lower grade secondary school, 1824 / Le „Pfleghof" d'Ochsenhausen, abritant aujourd'hui l'école primaire superieure, de 1824

38 Das älteste Biberacher Haus in der Zeughausgasse / The oldest house of Biberach in „Zeughausgasse" / La maison la plus vieille de Biberach située dans la „Zeughausgasse"

39 Die äußere Ulmer-Tor-Straße anno 1900 / The outer Ulmertor street in 1900 / La rue Ulmertor au dehors mur d'enceinte en l'an 1900

40 Erstes Wohnhochhaus, erbaut 1956 / The first residential skyscraper, built in 1956 / Le premier building d'habitation construit en 1956

41 Der Altstadtkern, aufgenommen am 25. 6. 1967 um 9.45 Uhr / The old part of the town, photo taken 25. 6. 1967 at 9.45 a. m. / Photo du centre des vieux quartiers, prise le 25-6-1967 vers 9 h 45

42 Hinrichtung auf Schloß Warthausen. 1571 / Execution on Warthausen castle, 1571 / Exécution capitale au château Warthausen, en 1571
43 Idealisierte Innenansicht des Theaters, 1749 / Idealized inside view of the theatre, 1749 / Vue intérieure idéalisée du théâtre, de 1749

Comœdie heist ein Contrefait
Von dem was in der Welt vorgeht
Ein Warnung vor der Laster Wust.
Ein Antrieb zu der Tugend Lust.
Ein Feine Übung vor den Leib.
Ein angenehmer Zeit Vertreib.
Der Jetzige Singet ohne Müh.
Es Leb die Gantze Compagnie.
Joh. Martin Klauflügell, fecit.
1749.

44 Gartenhaus des Dichters Christoph Martin Wieland / Garden house of the poet Christoph Martin Wieland / La maisonette de jardin du poète Christoph Martin Wieland
45 Das neue Theater vor dem Riedlinger Tor / The new theatre at the Riedlingen portal / Le nouveau théâtre construit devant la porte de Riedlingen

46 Wieland-Gedenkfeier, 1881 / Wieland commemoration, 1881 / Cérémonie organisée à la mémoire de Wieland, de 1881

47 und 48 Als Großvater noch klein war – Schützenfest, um 1910 / When grandfather was a little boy – „Schützenfest“, around 1910 / Lorsque grand-père était encore un petit garçon – „Schützenfest“, vers 1910

Dorn'sche Buchhandlung

49 *Spanischer Erbfolgekrieg, 1704 / Spanish war of succession, 1704 / Guerre de la Succession d'Espagne, de 1704*

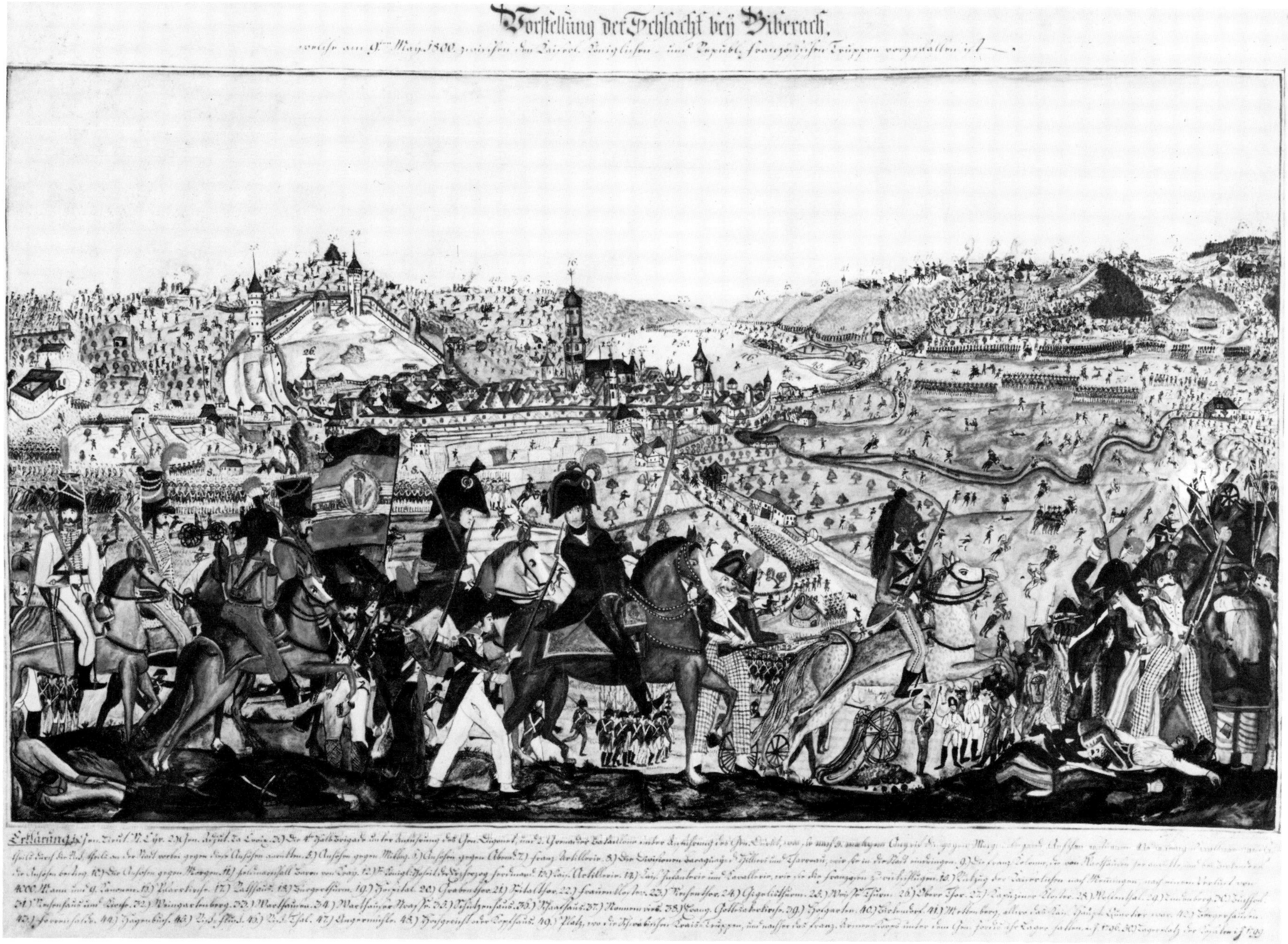

50 *Schlacht bei Biberach, 1800 / Battle of Biberach, 1800 / Bataille de Biberach, de 1800*

51 Erntedankfeier nach dem Hungerjahr 1816 / Thanksgiving celebration after the year of famine 1816 / Fête d'actions de grâces pour la récolte, célebrée après l'„année de famine" de 1816

52 Die Kunstreiterin Madame Schmidt, 1832 / Madame Schmidt, circus-rider, 1832 / Madame Schmidt, l'écuyère, de 1832

53 Der Franzosen-Samstag, 25. 3. 1848 / The French Saturday, 25. 3. 1848 / Le Samedi des Français, le 25-3-1848

54 Parade der Bürgerwehr 1849 / Home Guard parade 1849 / La revue de la garde nationale en 1849

55 Die Postkutsche nach Uttenweiler / The stagecoach to Uttenweiler / La diligence en route pour Uttenweiler

56 Der umgebaute Bahnhof, 1882 / The rebuilt railway station, 1882 / La gare agrandie, de 1882

57 Erste Eisenbahn und Jordanbad / The first train and Jordan bath / Le premier train et la piscine Jordan

58 Sammelbild mit Südwestansicht, 1877 / South-west view with surrounding pictures, 1877 / Vue Sud-Ouest au centre, entourée de tableaux, de 1877

59, 60, 61 Urgroßvaters Trimm-Dich: Eisklub Schützengilde, Turngemeinde / Greatgrandfather's fitness activities: Ice Club, Rifle Club, Athletic Club / Les activités sportives de l'arrière-grand-père: club de patinage, société de tir, société de gymnastique

62 und 63 Einweihung des Kaiserdenkmals, 1896 / Inauguration of the emperor's monument, 1896 / Inauguration du monument de l'Empereur, en 1896

64 Das erste Automobil, 1900 / The first automobile, 1900 / La première automobile, de 1900
65 Der erste Aeroplan, 1910 / The first airplane, 1910 / Le premier aéroplane, de 1910

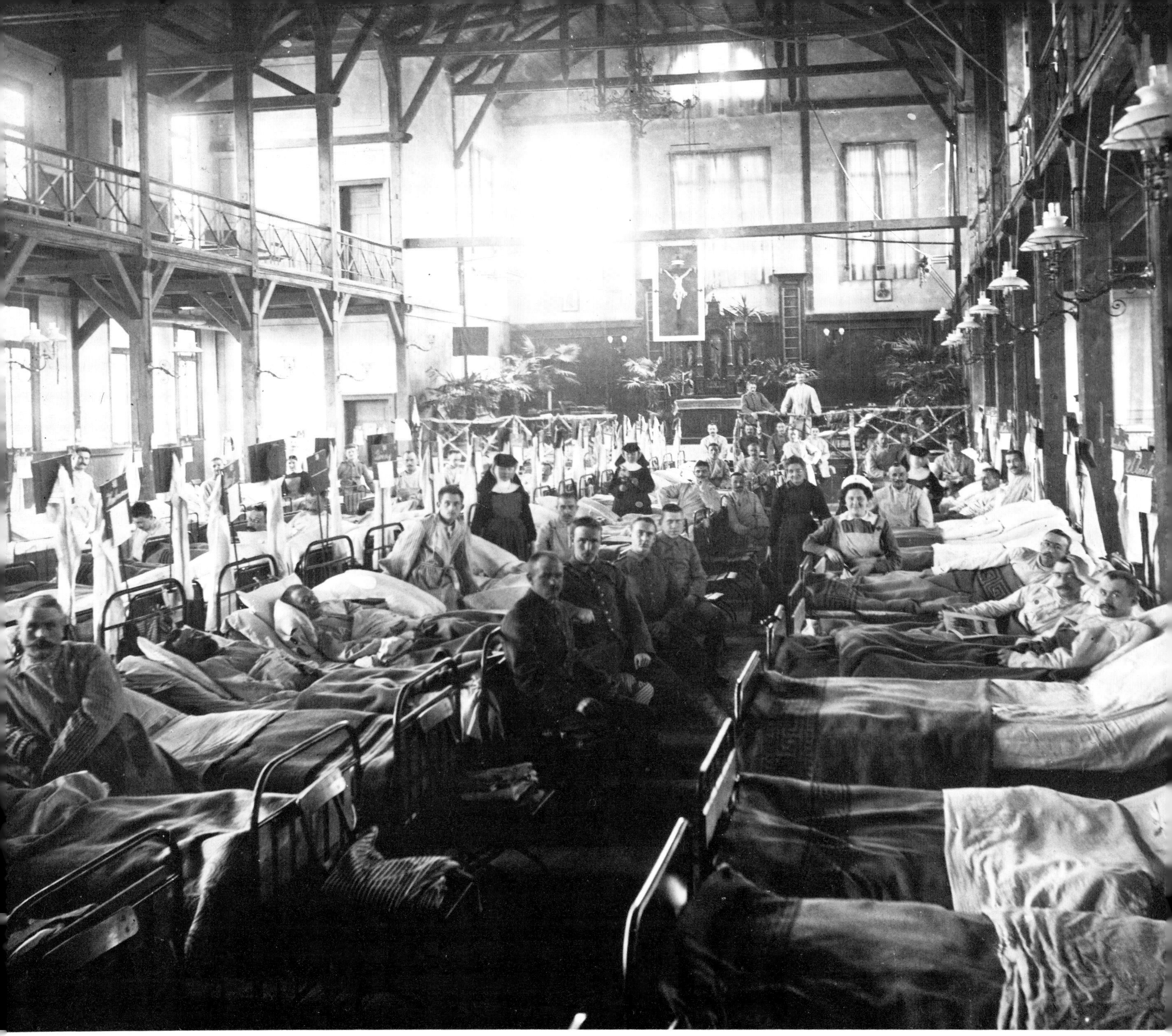

66 Turnhalle als Notlazarett im 1. Weltkrieg / Gymnasium serving as emergency hospital in WW I / Le gymnase aménagé en hôpital militaire pendant la Grande Guerre

67 Notgeld der Inflation, 1923 / Emergency money of the inflation, 1923 / Monnaie auxiliaire de l'Inflation, de 1923

68 Bilder vom Hochwasser 1926 / The Flood in 1926 / L'inondation de 1926

69 Ulmer-Tor-Straße, 1931 / Ulmertor street in 1931 / La rue Ulmer Tor, en 1931

70 Ulmer-Tor-Straße, 12. 4. 1945 / Ulmertor street, 12. 4. 1945 / La rue Ulmer Tor, le 12-4-1945
71 Handwerkerwoche auf dem Marktplatz, 1934 / The Week of the Artisans on market place, 1934 / La Semaine de l'Artisanat sur la place du marché, de 1934
72 Elf Jahre später: Parade der Sieger / Eleven years later: Parade of the conquerors / Onze ans plus tard: revue des vainqueurs

Königreich Würtemberg.

OBERAMTS-Stadt BIBERACH

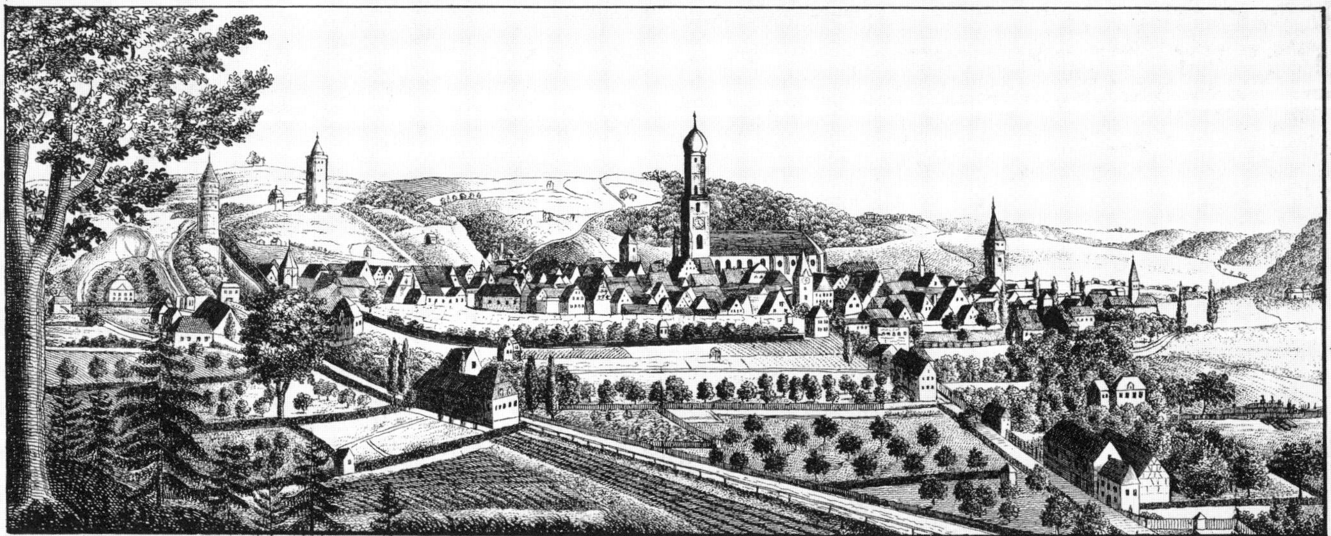

Lith. bei Joh. C. Mäcken, jun.

Wir der Obmann, und die Vorsteher der Bäcker Zunft beurkunden hiemit

dem Johann Georg Wanner Bürger in Biberach, geboren den 27. August 1807. daß er sich über seine persönliche Befähigung zum selbstständigen Betriebe der Bäcker Profession vor der dazu beorderten Prüfungs-Commission ausgewiesen, daß er sofort in der Eigenschaft des Meisters dem hiesigen Zunft-Verein sich angeschlossen und dadurch das Recht hat, nach Maßgabe der Gewerbe-Ordnung sein Gewerbe ungehindert auszuüben.

Biberach den 1.ten Januar 1831.

Die Aechtheit des vorstehenden Zeugnisses beurkundet
Biberach den 13. Januar 1831.

Königliches Oberamt
[illegible]

Obmann
Kleinlogel.

Zunft-Vorsteher
Conrad Wanner Obr. Zft. Mstr.
Johannes Lorz
Joh Jacob Dollinger
[illegible]

73 Zunftbrief der Bäcker, 1831 / Guild Certificate of the bakers, 1831 / Les statuts du corps de métier des boulangers, de 1831

74 Bauernfuhrwerk vor dem Ulmer Tor / Peasant's car at the Ulm portal / Véhicule hippomobile devant la porte d'Ulm

75 Als es auf dem Viehmarktplatz noch Kuhfladen gab / When cow-dung could be found on Cattle Market Place / Lorsqu'il y avait encore des bouses de vache sur la place du marché aux bestiaux

76 Bachmühle und Siechenfärbe / Bach mill and „Siechenfärbe“ / Moulin Bach et „Siechenfärbe“
77 Biberacher Sommer-Bierkeller / Biberach summer beer cellars / Caves à bière d'été de Biberach
78 Gewerbeausstellung in der Turnhalle, 1900 / Trade exhibition in the gymnasium, 1900 / Exposition industrielle organisée dans le gymnase, de 1900

Lautenkeller.
Paradieskeller.
Schwanenkeller.
Wildenmannkeller.
Mohrenkeller.
Waldhorn-Zwiebel
Königkeller.
Tannenkeller.
Hasenkeller.

Dampf-Roßhaar-Spinnerei,
Seegras-Spinnerei.
J. A. Jlg
Zur Lotterie angekauft

Biberach einst

kommentiert von Gerd Maier

Die Entwicklung des Stadtbildes

„Es ist Biberach ein alte Reichsstatt wan sie aber in eine Ringmawer eingefaßt worde / ist vnwißed. Mag aber zun Zeiten Keysers Friderici deß Andern / da auch andere Stätt in Schwaben / als Reutlingen/Eßlingen/ Heylbronn / vmbmauret worden / geschehen seyn. Sie ist erstlich kleiner gewesen / vnd hat allein biß an den Thurn bey dem Kirchhoff gereycht / wie dan noch die Fußstapffen vorhanden seyn / daß die alte Stattmauer an den Kirchhoff der Schlachtmetzig wird zugangen seyn: Das ander alles / was jetzunder vnterm Thurn / de Spitalthor zu ligt / ist erst hernach darzukommen ...“ – mit diesen Worten beschreibt Matthäus

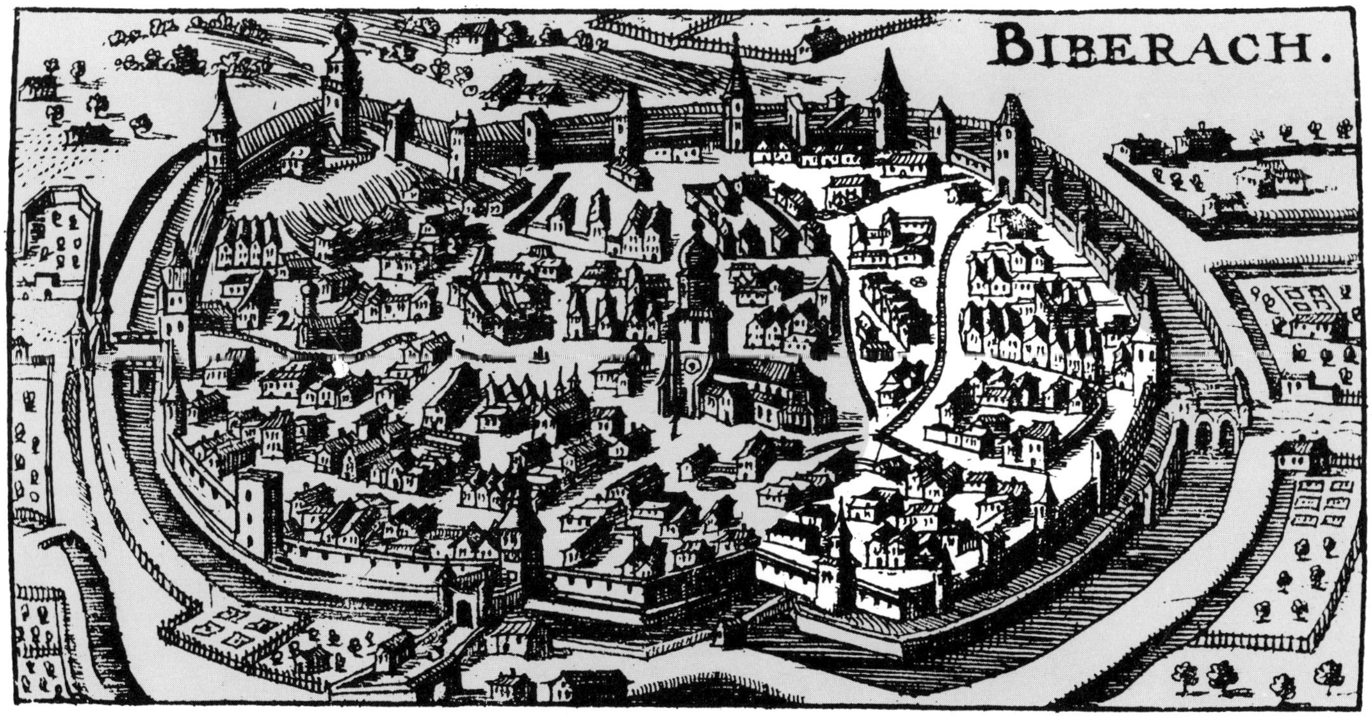

Merian in seiner 1643 erschienenen Topographia Sueviae jene von der Stadtgründung bis zu der Entfestigung im 19. Jahrhundert wohl bedeutendste bauliche Veränderung dieses Gemeinwesens: die Stadterweiterung. Karl IV. hatte 1373 der Stadt das Recht verliehen, zur Verstärkung ihrer Befestigungsanlagen neue Zölle zu erheben. Im Zuge dieser Aufrüstung wurde die Riß verlegt und die gewonnene Fläche in den Mauerring einbezogen. Der vordem fast kreisförmige Umriß der Stadt erweiterte sich zum Oval, wobei die südliche Nahtstelle beim Viehmarktplatz noch nach sechshundert Jahren und selbst im Auto deutlich spürbar ist. Zeitgenössische grafische Darstellungen, welche über die Stadterweiterung Zeugnis ablegen könnten, existieren nicht, und so ist zur Erläuterung auf einem kleinen Kupferstich des 17. Jahrhunderts die neu hinzugewonnene Fläche weiß abgesetzt. Das Blatt, wahrscheinlich in Anlehnung an Merian, illustriert ein 1686 in Nürnberg gedrucktes und von Christoph Riegel verlegtes Büchlein „Der Getreue Reiß-Gefert durch Ober- und Nieder-Teutschland".

Abb. 1 Südansicht, um 1620 Die Geschichte der Biberacher Stadtansichten beginnt, wie Geschichte und Geschichten oft beginnen: mit einem Fehler. Mit dem Fehler, vierhundertjähriges Geschriebenes blind zu glauben. „Die Stat Biberach Ao 1500 war also beschaffen" ist eine Federzeichnung in Lukas Seidlers Chronik überschrieben, und diese Aussage zusammen mit der Unmöglichkeit, die nachfolgende Doppelseite rechts im Buch zu beginnen, befördern das Blatt auf Platz eins der Bildfolge. Doch die Aussage ist irreführend, denn Chronik wie Zeichnung entstanden erst gute einhundert Jahre später; die Südansicht versucht nur, rückblickend den Zustand der Stadt um 1500 aufzuzeigen. Links im Bild unter den Befestigungsanlagen des Gigelbergs mit Gigelturm, Hochwacht und Weißem Turm das Obertor (Riedlinger Tor) mit seinen Vorwerken. Unter der überhöht gezeichneten Kirche das Grabentor (Waldseer Tor) mit Zinnenkranz, möglicherweise eine Rekonstruktion des Zustands vor dem großen Stadtbrand von 1516. Der kleine Galgen auf der Anhöhe rechts im Bild ist der Beweis für die spätere Entstehungszeit dieser Zeichnung und der Anlaß für die nächste.

Abb. 2 Älteste Stadtansicht, um 1540 War Seidlers Zeichnung eine Mischung aus überlegter Absicht und naiver Topographie, so ist es nun umgekehrt. Was gab's? Die Herren Schad von Mittelbiberach hatten Warthausen erworben und sofort nach schwäbischem Brauch zu bauen angefangen. Oben auf der Höhe, unmittelbar am Biberacher Grenzstein und ganz ohne Baugenehmigung errichteten sie 1529 das damalige Statussymbol der Oberschicht, den Galgen. Die provozierten Reichsstädter begannen statt eines eintägigen Kriegs mit Erfolgsgarantie in vornehmer Zurückhaltung 1540 einen zweijährigen Prozeß, den sie dann auch vor dem Reichskammergericht in Speyer mit Pauken und Trompeten verloren. Da half auch nicht, daß den Akten eine Tatortskizze beigefügt wurde, welche das bisher älteste, topographisch genaue Bild der Stadt wiedergibt.

Der (anonyme) Zeichner sieht von Osten, vom Talfeld her auf die Stadt; im Vordergrund die Fachwerkhäuser von Birkendorf. Auf den nordostwärtigen Höhen neben dem umzäunten stadteigenen Weingarten das übergroß gezeichnete Streitobjekt, der neue Warthauser Galgen. Die Stadtansicht selbst ist von einer ungewöhnlichen Genauigkeit. Hinter dem Spitaltor (Ulmer Tor), dessen Dachstuhl noch einen dritten Erker aufweist, ragt das alte, hochgotische Kirchturmdach mit seinen neun Spitzen empor. Von der Stadtbefestigung sind die Gigelbergtürme mit der Hochwacht, das Rechtor, das Siechentor (Ehinger Tor) noch mit Zinnenkranz, und inmitten der Häuser der Bürgerturm mit seinem Walmdach genau wiedergegeben. Auch die Staffelgiebel des Spitals und das neue Rathaus mit seinen Türmchen sind zu erkennen. Der noch völlig geschlossenen Stadtmauer mit ihrem umlaufenden, rhythmisch von Türmen und Erkern gegliederten Wehrgang vorgelagert, verläuft die niedere Zwingmauer, unterbrochen von zahlreichen kleinen Rundtürmchen („Rondelle") bis an den Vorbau des Ulmer Tors. Entlang der Straße nach

Warthausen zeigen sich erste Anfänge einer Vorstadt: „das ist die blaiche bibrach“ (Stadtbleiche in der Bleicherstraße); „der bichsen schitzen zill statt“ (Zielstätte der Büchsenschützen beim heutigen Schwanenkeller); „der armen Sunder Siechen hus zu bibrach“ (Siechenhaus mit Magdalenenkirche am katholischen Friedhof); „der stat ziegell hus“ (die Ziegelei). Knapp einhundert Jahre später läßt der Dreißigjährige Krieg diese ersten Erweiterungsbestrebungen in Flammen aufgehen.

Die erste vervielfältigte Vedute der Stadt, eine Ostansicht, erscheint als Holzschnitt im Titelblatt eines 1578 bei David Sartorio in Ingolstadt gedruckten Büchleins: „Sternen- und Cometenbuch, in welchem die fürnemsten Cometen ... Beschriben und in teutsche Rhytmos gestellt durch Johann Görgen Schinbain von Freyburg im Breyßgau, diser Zeit Lateinischen und Catholischen deß löb-Römischen Reiches Statt Byberach Schulmaistern“. Seinen Namen schrieb Schinbain gerne im standesgemäßen Latein („Tibianus“), beim Cometenbuch wie auch in seiner selbstgereimten Biberacher Chronik fiel ihm der „teutsche Rhytmos“ aber doch wesentlich leichter. Kostprobe der Biberacher Genesis gefällig?

„Als eben 700 Jahr
Und 51 ungefahr
Gezählet ward, da Pipinus
Regieren thät ohn all Verdruss,
So König in Frankreich gewesen
Wie das aufgezeichnet wird gelesen
Ist Biberach ein Dorf geseyn
Mit ziemlich Häusern nit gar klein ...“

Abb. 3 Planbild aus der Vogelschau, 1643 Als der Magistrat der Stadt 1622 einen Stadtplan mit Gebäudeverzeichnis in Auftrag gab, ließ dieser Beschluß nicht nur einen der ältesten württembergischen Grundrißpläne entstehen, er schuf damit auch die Voraussetzung für die erste Vogelperspektive der Stadt. Zu dieser Zeit wurde der grobe, durch seine weiche Beschaffenheit nur für geringe Auflagen brauchbare Druckstock des Holzschnitts von der mit dem Grabstichel bearbeiteten Kupferplatte abgelöst, und in dieser neuen Technik schuf mitten im Durcheinander des Dreißigjährigen Krieges ein Mann das umfassendste Kupferstichwerk der deutschen Länder: Matthäus Merian.
Seine „Topographia Sueviae“ erschien 1643 und enthält jenen doppelseitigen Planprospekt von Biberach, der heute in penetranter Wiederholung Lampenschirme, Porzellanteller, Bierkrüge und sonstige Objekte der Dekorations- und Souvenirbranche veredelt. Der Stich zeigt aus der Vogelschau in liebevoller Darstellung genau das, was wir unter dem Stadtbild der Schwedenzeit verstehen, und obwohl zur besseren Übersicht der Zeichner die Straßen und Plätze übermäßig ausdehnte, spricht doch aus dem Blatt immer noch jene anheimelnde Enge einer heilen Welt im Kleinformat, jene Urbanität, welche man rückblickend mit dem Wesen der freien Reichsstadt identifiziert und heute so sehr zu vermissen glaubt.
In dieser ganz guten, ganz alten Zeit vor dem Dreißigjährigen Krieg zählte Biberach rund 5200 Einwohner, verteilt auf 605 Häuser, 77 Schuppen, 122 Höfe und 120 Gärten. Die 2603 Schritt lange Stadtmauer blieb für die meisten Bewohner lebenslanger Horizont. 57 Röhren- und 82 Schöpfbrunnen dienten der Wasserversorgung, die Stadtbäche ersetzten die Kanalisation. Eines von drei Kindern starb im ersten Lebensjahr; die beiden Übriggebliebenen durften hoffen, die Fünfunddreißig zu erreichen ...

Abb. 4 Südansicht, 1657 Der nächst dem „Merian“ bekannteste Druck, veröffentlicht 1657 erstmalig im „Theatrum exhibens“ von Janssonius in Amsterdam, eignet sich durch sein Querformat auch zur Reproduktion auf Warmhalteplatten und Handtüchern. Leider. Der Kupferstich von Wenzel Hollar zeigt die klassische Südansicht, die Parade- oder Schokoladenseite, den Blick von der Höhe des Kanonenbergs auf die Stadt. In der sauber durchgearbeiteten Darstellung sind die einzelnen Türme und die Kirche mit ihrer Renaissance-Kuppelhaube klar hervorgehoben. Neben dem Zwiebelturm der Nikolaikapelle erkennt man die Treppengiebel von Stadteich und Salzstadel, bei der Pfarrkirche die markanten Dächer des Spitals und das „neue" Rathaus mit seinen drei Dachreitern. Nach Beendigung der dreißigjährigen Kriegswirren begann außerhalb der Mauern ein vorsichtiges Bauen: bei der Riedmühle am Einlaß, an der Straße nach Waldsee und entlang der diagonal verlaufenden heutigen Kolpingstraße bis zum Obertor entstanden die ersten Häuser.

Abb. 5 Nordostansicht, um 1730 Erst die dreißiger Jahre des 18. Jahrhunderts bringen neue, topographisch genaue Darstellungen von Biberach hervor. In Augsburg, dem Zentrum der süddeutschen Kupferstecherkunst, verlegt Joseph Friedrich Leopold in „Europae Ornamentum et Munimenta ..." als Blatt Nr. 49 einen Kupferstich von Biberach. Dem Zeitgeschmack folgend belebt den Vordergrund eine dekorative Staffage, während das eigentliche Stadtbild in den Hintergrund rückt. Verglichen mit der Federzeichnung von 1540 fallen die überhöht gezeichneten Türme mit ihren steilen Dächern auf, welche durch den etwas tiefer gewählten Standpunkt an der Straße nach Ulm besonders betont werden, doch auch die kraftvolle Silhouette vermag nicht zu verschleiern, daß über drei Jahrhunderte hinweg die bauliche Entwicklung der Stadt brach lag.

Abb. 6 Südansicht, um 1730 Die Tücken der Perspektive und die Schwierigkeiten bei der Gestaltung des Vordergrunds hielten den Biberacher Lorenz Xeller nicht davon ab, etwa zur gleichen Zeit „ad vivum" und mit großer Liebe zum Detail eine Stadtansicht zu zeichnen, welche dann in Augsburg von Melchior Rein in Kupfer gestochen und gedruckt wurde. Sicher fehlt dieser Darstellung die gestalterische Routine eines Wenzel Hollar, doch glich Xeller dies durch die Akribie einer Wiedergabe aus, welche nichts hervorhob und nichts vertuschte. So blieben die Hausdächer schief, das Stadtbild dörflich, die Riß ein kleiner Bach; zwei Schutzengel bewahren die beiden Wappen davor, auf das ländlich-sittliche Stilleben herunterzufallen.

Abb. 7 Marktplatz, 1768 Das erste Bild der guten Stube der Stadt, ein Aquarell des Marktplatzes, malte der Baumeister Franz Xaver Emele im Jahre 1768. Breite Bürgerhäuser, teils noch mit Fachwerk, teils schon verputzt, bildeten den Rahmen für eine etwas spärliche Markttätigkeit. Die bevorzugte Wohnlage auf der Südseite blieb den Patrizierhäusern vorbehalten, wobei am rechten Bildrand das Gebäude der Pflummern (heute Kolesch) mit seinem nach der neuen Mode

Louis XVI. bemalten Volutengiebel und den aufgesetzten Urnen baulich aus dem Rahmen fällt. Im Hintergrund der obere Marktbrunnen vor dem breiten Fachwerkbau des Gasthauses „Zum Engel". Dahinter überragt die Wetterfahne des Obertors gerade noch die Dächer von Salzstadel und Stadtadvokatenhaus (Marktplatz 40 und 38). Der Stadtbach, die Hauptkanalisation, ist auf seine ganze Länge offen und nur über die „Kornbruck" oder auf einigen übergelegten Brettern zu überschreiten.

Dominante des Marktplatzes damals wie heute ist das Haus „Zum Kleeblatt" mit seinem mächtigen Krüppelwalm. In der Mitte des 15. Jahrhunderts bewohnte es der vom Barchenthandel reich gewordene Patrizier Weißhaupt, spätere Besitzer waren die Ramminger und die Pflummern, bis gegen Ende des 17. Jahrhunderts die protestantischen Nobilitierten und Graduierten sich darin die „Evangelisch Geschlechter-Trünck-Stuben" einrichteten und nun den lang herbeigesehnten Gegenpol besaßen zu den katholischen Trinkstuben im Haus Gutermann. 1828 wurde das Gebäude renoviert und dabei das über dem Erdgeschoß freiliegende Fachwerk verputzt; gleichzeitig brachte der Schreiner Angele über der Tür ein geschnitztes Schild mit einem Kleeblatt an, welches dem Haus seinen Namen gab.

Abb. 8 Nordansicht, um 1795 Dem eidgenössischen Vedutenmaler Johann Peter Fehr blieb es vorbehalten, die beiden letzten Ansichten der freien Reichsstadt zu schaffen. Seine um 1795 erschienenen Blätter „Vue de la Ville et des Environs de Biberach – J. P. Fehr & Comp. St. Gallen" sind in der Technik der kolorierten Umrißradierung gefertigt und durch ihre zurückhaltende Farbgebung von großer atmosphärischer Wirkung. Symbolisch stehen diese Darstellungen für die neue Zeit: die Stadt wird in die Landschaft eingebunden, wird mit der bisher fremden Umgebung in Zusammenhang gebracht, der Blick führt über den rückwärtigen Mauerring hinweg. Für das enge, allseitig vom Horizont der Stadtmauer begrenzte Denken reichsunmittelbarer Eigenbrötler ist im Staatswesen des beginnenden 19. Jahrhunderts kein Raum mehr; die Selbständigkeit, aber auch die Abgeschiedenheit gehen nach einem halben Jahrtausend zu Ende. Im Schlußverkauf des Heiligen Römischen Reichs Deutscher Nation zählen die Reichsstädte zu den Restposten.

Abb. 9 Südansicht, 1804 Die Begrüßungssalven für das neue, das 19. Jahrhundert, welche österreichische und französische Kanonen während der Schlacht bei Biberach im Mai 1800 aufeinander abfeuerten, wurden gleichzeitig zum letzten Salut für die freie Reichsstadt. Selbstbewußt feierte man noch den Frieden von Lunéville mit einer eigenen Denkmünze zu 24 Kreuzern, doch schon wenige Monate später, im Herbst 1802, waren aus stolzen, reichsfreien Bürgern devote badische Untertanen geworden. Den weiterhin paritätisch besetzten Ämtern präsidierte nun ein unbeliebter Karlsruher Oberamtmann, dessen bürokratische Verordnungen die „Biber" aufschreckte: den Kindern verbot er „den nächtlichen Aufenthalt auf den Gassen und ihr Zusammenrottieren und Herumschwärmen" und die Straßenschlachten. Den Alten machte der Herr Müller das Leben sauer, indem er ihnen das Hasardspiel untersagte, den Wirtshausbesuch einschränkte, einige Feiertage aufhob und schließlich sogar die strapaziöse Forderung aufstellte, jede Familie habe jährlich zwölf Spatzenköpfe abzuliefern, „ohne hiezu sich des Schießens zu bedienen".

In Biberachs badischer Zeit entstand die wohl schönste aller Stadtansichten, und es sollte jeden echten Patrioten tief betrüben, daß dieses Lob nicht einem der einheimischen Künstler zufällt: es war der Überlinger Johann Sebastian Dürr, der 1804 jene Gouache malte, in welcher sich zeichnerisches Können und topographische Genauigkeit mit einer geglückten Komposition verbinden. Aber vielleicht konnte nur ein Außenstehender, ein Fremder, der die Gewalttätigkeiten einer erst wenige Jahre zurückliegenden Schlacht nicht am eigenen Leibe erlebte, die Schrecken der Kriegszeit rückblickend zur Idylle verfremden. So entstand ein Bild wie am Schützenfest oder wie beim Manöver, wo auf saubere, farbenfrohe Uniformen, gesittetes Benehmen und Vermeidung von Flurschaden größter Wert gelegt wird. Lediglich die Gans am rechten Bildrand bringt einen gewissen Bezug zur Realität der Zeit, ja sie darf stellvertretend für die damalige Situation Biberachs stehen, denn beide, Gans wie Stadt, wurden von gegnerischen wie von verbündeten Soldaten stets gerne, liebevoll und gründlich gerupft.

Abb. 10 „Kapellenplatz", nach 1806 Im Tausch gegen Villingen trat Baden 1806 Biberach an Württemberg ab. Hoffnungen auf eine mildere Herrschaft erfüllten sich nicht; der König von Napoleons Gnaden beließ den Daumen drauf. Er machte die beiden Klöster zu Kasernen für das als Besatzungstruppe einquartierte württembergische Militär, strich ersatzlos das uralte Bürgerrecht der freien Pirsch und wollte schließlich sogar die Wehrgänge der Stadtmauer niederreißen lassen.
1806 wurde auch die heruntergewirtschaftete Nikolaikapelle abgebrochen, welche im oberen Marktplatz hart am Stadtbach stand. Aus Spendengeldern, welche Papst Felix bei der Biberacher Bevölkerung zwar sammeln ließ, aber abzuholen vergaß, wurde das Kirchlein 1442 erbaut. Knapp einhundert Jahre später während des Bildersturms übel zugerichtet, wieder instandgesetzt und paritätisch genutzt, diente es zuletzt als Militärmagazin. Nach seinem Abbruch war der Blick frei vom Salzstadel auf den „Kapellenplatz" (Holzmarkt) mit dem Dinglingerhaus und seinem von Störchen bewohnten Dach. Rechts daneben der nördliche Flügelanbau des Hauses Strölin mit seinem in der Spätrenaissance entstandenen Volutengiebel.

Abb. 11 Marktplatz, 1816 Zehn Jahre später entstand jenes Stammbuchblatt, das den südöstlichen Teil des Marktplatzes wieder lebendig werden läßt. Dem Rathausdach fehlt das mittlere Uhrtürmchen, das einst die Ratsherrn zur Sitzung rief, von Württembergs geliebten Herrn aber als reichsstädtisches Symbol betrachtet und deshalb heruntergerissen wurde. Neben dem Marktbrunnen – er diente auch als „Fischkasten" zum Auswässern der ratsherrlichen Teichkarpfen – einer jener Planwagen, denen während aller Ratssitzungen der Bereich um das Rathaus zur Bannmeile erklärt und von den Stadtknechten mit Ketten abgesperrt wurde, um die gedankenschweren Häupter nicht durch das Rumpeln der Räder zu stören. Am rechten Bildrand ist hinter der „Kornbruck" des. Stadtbachs der zurückgesetzte Giebel der „Greth" (Kornhaus) zu erkennen.

Abb. 12 Nordansicht, um 1830

„Die Häuser- oder die Gebäudezahl
der Stadt beträgt im Ganzen siebenhundert.
Vorstädte hatte sie bis jetzt noch keine,
allein an der Chaussee nach Ehingen
fangt jetzt allmählig eine an zu werden."

Zu dieser Erkenntnis kommt 1842 der Lokaldichter Heinrich Daniel Schmalzing in seiner gereimten Chronik von Biberach. Den Zustand vor dieser Erweiterung veranschaulicht ein Blick vom Weingartenberg, den der Maler Pflug in den dreißiger Jahren festhielt. Ansätze zu neuer baulicher Entwicklung werden spürbar, wenn man die nur drei Jahrzehnte ältere Radierung von Fehr zum Vergleich heranzieht: der Mauerring zwischen Ulmer- und Ehinger Tor als Grenze des Gemeinwesens Stadt wird von zahlreichen Gebäuden überschritten; entlang der Ehinger Straße erwächst die erste Entwicklungsachse Biberachs. Im Bildmittelgrund der „Buchhof" darüber das Waldseer Tor. Über dem Fachwerkgiebel des Siechenhauses zwischen Ehinger Tor und Pfarrkirche der Bürgerturm mit seinem neuen, flacheren Dachstuhl. Auf der rechten Bildhälfte, unterhalb der Hopfenkulturen des Gigelbergs, durchbricht das Mansarddach des Schwanenkellers das Grün der Gaisentalbäume.

Abb. 13 Südansicht, 1837 1837 lithographierte der begabte Eberhard Emminger eine Südansicht seiner Heimatstadt Biberach. Bisweilen wird Emminger der Vorwurf gemacht, zu genau gearbeitet zu haben, sogar der Verdacht auf das Hilfsmittel der Camera obscura ist zu hören, und doch ist es gerade die absolute Genauigkeit, welche neben der reizvollen Staffage des Vordergrunds und der Geschlossenheit der Komposition den Wert seiner Blätter bestimmt.

Links im Bild, unterhalb des Weißen Turms das 1810 erbaute Haus des königlichen Oberförsters Buchholz, das heutige Städtische Forstamt. Neben dem Turm des Riedlinger Tors der Staffelgiebel des spitälischen Salzmagazins, genannt „Salzstadel". Der Turm des Ehinger Tors überragt die Häuser der Innenstadt, unter denen sich der Krüppelwalm des „Kleeblatts", der langgestreckte Bau der „Greth" mit ihrem von zahlreichen Gauben durchbrochenen Satteldach und die Dachreiter des Rathauses klar abzeichnen. Hinter dem Waldseer Tor die Treppengiebel des Spitals, darüber durchbricht das Ulmer Tor die Firstlinie der Birkendorfer Häuser. Am rechten Bildrand, neben dem für Emminger so typischen zarten Bäumchen, der evangelische Friedhof mit der Heiliggeistkirche.

Abb. 14 Sammelbild, nach 1850 Eine ihrer ausführlichsten schriftlichen Quellen besitzt die Stadt in ihrer 1837 erschienenen „Beschreibung des Oberamts Biberach". Erst in der allerjüngsten Zeit wird wieder am Projekt einer Kreisbeschreibung gearbeitet, so daß man endlich Auskunft erwarten darf über eine hoffentlich positive Entwicklung der Bewohner, welche der königliche Ober-Finanzrat von Memminger noch so frei kritisierte: „Die Einwohner des Oberamts zeichnen sich im Allgemeinen, wie überhaupt die Oberschwaben durch einen wohlgenährten Körperbau aus, ohne darum jedoch besonders kräftig und ausdauernd zu seyn. Schön kann jedoch die Bildung weder bei dem männlichen, noch weiblichen Geschlecht genannt werden ..." Der Oberamtsbeschreibung ist eine Lithographie Emmingers beigegeben, welche in den fünfziger Jahren der Maler Hermann Volz in seiner neugegründeten lithographischen Anstalt in ein Sammelbild hineinkopierte, das er selbst verlegte. Zur Aktualisierung brauchte Volz nur noch den neuerbauten Bahnhof mit seinen beiden seitlichen Schuppen einzufügen, der nun die Ebene zwischen der Stadt und den im Vordergrund verstreuten Häusern von Birkendorf bestimmt.

Abb. 15 Erstes Marktplatzfoto In den Jahren um 1860 muß es gewesen sein, als ein dem neuerfundenen Hokuspokus der Fotografie verfallener Biberacher das erste Lichtbild des Marktplatzes in seinen schwarzen Kasten zauberte. Im Vordergrund der noch offene Stadtbach mit der „Kornbruck". Um die romantische Vorstellung vom offen durch die Stadt sprudelnden, kristallklaren Bächlein etwas zurechtzurücken, ein Zitat aus Preisers Bau-Chronik: „Die Überwölbung der Stadtbäche, wodurch diese aus dem Straßenbild verschwanden (was von manchen als malerische Einbuße bedauert wird), geschah auf Anordnung der Regierung, nachdem wegen einer befürchteten Cholera-Epidemie in den 1860er Jahren eine Medizinal-Visitation stattgefunden hatte. Vorher wurden die Bäche in hohem Maße verunreinigt, indem nicht nur die Fäkalien von den anstoßenden und den benachbarten Häusern unmittelbar oder durch Kandeln und Dolen in die Bäche flossen, sondern auch viele Einwohner ihre Abortkübel bei Nacht dahinein entleerten ... Früher lagerte der alljährlich ausgeschaufelte übelriechende Bachkot 14 Tage lang auf Straßen und Plätzen, bis er zur Abfuhr genügend abgetrocknet war."

Abb. 16 Marktplatz, 1890 Daß die bildenden Künstler die Konkurrenz der Fotografie noch nicht zu befürchten brauchten, beweist ein idyllisches Bild aus der Hand des Malers Volz. Treffend gelungen ist die geruhsame Behäbigkeit jener Zeit, welche sich auf der heute mit Blech vollgeparkten Fläche vor den Bürgerhäusern, dem Rathaus und der „Eisen Waaren Handlung von Gutermann zum Blumen Strauß" noch frei entfalten konnte. Vor dem immer noch zum größten Teil offen fließenden Stadtbach der Marktbrunnen mit seinem neuen Standbild, daneben als erster Vorbote der Neuzeit eine Gaslaterne.

Abb. 17 Ostansicht, 1889 – Abb. 18 Südansicht, 1889 In einer Mischung aus überkommener Romantik und neuem Realismus malte 1889 der greise Hermann Volz zwei Stadtansichten, welche den Zyklus der Biberacher Veduten beschließen sollen. Als Standort für sein erstes Bild wählte Volz das Gelände jenseits der Bahnlinie, unterhalb des Fohrhäldele, etwa im Bereich der heutigen Posamentenfabrik Gerster. Trotz der lebendigen bäuerlichen Staffage des Vordergrundes sind die Zeichen der Zeit nicht verleugnet. So kennzeichnen vielgeschossige, häßliche Gebäude die Erweiterung der Stadt in Richtung auf das neue Verkehrswunder Eisenbahn. Die geistlosen Zweckbauten vor dem Ulmer Tor stehen in scharfem Kontrast zum Stadtkern mit seinen dichtgedrängten Steildächern, aus welchem sich das Harmonietürmchen, der Dachreiter des Spitals und die Rathauserker erheben, überragt von den Türmen des Gigelbergs und der Dominante des Kirchturms.

Das andere Blatt zeigt die Stadt von der Höhe des Lautenkellers herab. Nur Straßenlampe und Eisenbahn stellen in der beschaulichen, fast dörflichen Atmosphäre den Zeitbezug her. In der rechten Bildhälfte vor dem gerade noch sichtbaren Backsteinbau des Neuen Hospitals (erbaut 1866, heute Bürgerheim) die Straßengabelung, an welcher zu Zeiten der Reichsstadt das Häuschen des Hochgerichts stand und wo heute Fußgängerunterführungen, Verkehrsampeln und Abbiegespuren ein großstädtisches Verkehrsgefühl aufkommen lassen.

Die Stadtbefestigung

Die Türme von Biberach, Zeichen der Wehrhaftigkeit und der Eigenständigkeit, sind uns heute zum Symbol der alten Reichsstadtherrlichkeit geworden. Von der Stadterweiterung des Jahres 1373 bis zur Entfestigung in den ersten Jahrzehnten des 19. Jahrhunderts war es der Mauerring mit seinen Türmen und Erkern, der das Wachstum der Stadt beschützte, bestimmte, verzögerte und schließlich verhinderte. Frühe Einzeldarstellungen der Türme fehlen; erst das Biedermeier entdeckte den anachronistischen Reiz dieser ehemaligen Verteidigungsbauten.

Abb. 19 Gigelturm und Weißer Turm Die beiden Türme des Gigelbergs, der viereckige Gigelturm und der Rundbau des Weißen Turms, verbunden durch den Wehrgang mit der „Hochwacht", bestimmen noch heute die Silhouette der Stadt. Sie hatten einst – verstärkt durch einen mühsam in den Nagelfluh gehauenen Tiefgraben, den heutigen Hirschgraben – die Aufgabe, die Sicherung der Stadt an der gefährdeten Nordwestseite zu übernehmen: „weilen vom Oberen Thor bis zum Gießübel wegen des in die Stadt hereingestreckten Berges kein Wasser zu bringen, ist doch solcher Berg nit ohne große Mühe und Kosten mit einem breiten, tiefen graben zu besserer Defension der Stadt unterbeschnitte und separirt worden, den man insgemein, weilen jederzeit etlich Wildbret darin erhalten wird, den Hirschgraben genamset . . ."

Der Gigelturm der früheste aller Biberacher Türme, wurde der Überlieferung nach anno 1140 und möglicherweise als Ersatz für einen früheren Wartturm erbaut. Im Dreißigjährigen Krieg verlor das „Gigele" durch kaiserliche wie schwedische Kanonenkugeln ziemlich an Höhe; die baufälligen unteren Stockwerke mußten mit Schutt aufgefüllt werden. 1788 wurde der Turm gründlich überholt und eine neue Wohnung für den Wächter eingebaut.

Der „Gigelmann" hatte mit seinem Horn die Stunden anzuzeigen und bei Kriegen oder sonstigen Bränden Alarm zu blasen. Er war der einzige Biberacher, der amtlich beglaubigt keinen Vogel hatte, denn nicht nur diese Art von Zeitvertreib, auch Frau und Kinder waren ihm verboten, um ihn fit zu halten.

Der runde Bruder des Gigele, der „Weiße Turm", erhielt diesen Namen wahrscheinlich erst, nachdem sein spätgotischer Backsteinbau verputzt wurde. Es war in den Jahren um 1500 in den Städten Mode geworden, einen möglichst schönen, weiß gestrichenen Turm zu haben und was den Ravensburgern ihr „Mehlsack", war den Biberachern ihr „Weißer Turm". Der massive, beinahe plumpe Rundturm ist mit seinen neun Geschossen etwas über vierzig Meter hoch; seine fast drei Me-

ter dicken Mauern erlaubten nicht nur den Einbau der „Schnecke“ (Wendeltreppe), der Heizkammern und des Schornsteins, sie machten den Weißen Turm auch zum ungeeigneten Ziel für die Belagerungsgeschütze, die der kaiserliche General Graf von Altringen 1633 gegen sie abbrennen ließ.
Wie zum angelsächsischen Schloß der Geist, so gehört zur deutschen Burg der Geheimgang. Auch dem Weißen Turm wurde eine sinnlose unterirdische Verbindung mit dem Rathaus angedichtet, wobei sich die Legende um die technischen Schwierigkeiten einer Stollenführung im Grundwasser unter dem Stadtbach hindurch nicht bekümmern brauchte.

Ein viereckiger Zwischenturm verstärkte den Wehrgang entlang der „Biberstäffele“ bis zum unten am Berg stehenden Rechtor, das wegen der gegenüberliegenden Wirtschaft „Zur Gans“ (heute: „Biber“) auch Ganstor genannt wurde. Der Weg nach Warthausen führte bis zur Stadterweiterung von 1373 hier durch, dann übernahm das soeben erbaute und besser befestigte Siechentor die Sicherung der zukünftigen B 465. Der überflüssig gewordene Durchgang des Rechtors wurde 1404 zugemauert und der Torwächter pensioniert.
Ostwärts des Rechtors stand einer der wenigen, namentlich bekannten Zwischentürme, welcher vor der Stadterweiterung als nördlicher Eckturm der Mauer Bedeutung besaß. Er hieß „Gießübel, und war ein Thurm mit einem engen Gefängniß und einem Kasten darin, wo man Felddiebe, Nachtschwärmer, Säufer und Trunkenbolde, leichtfertige Weibsbilder und andere Personen einsperrte“, um sie nach den neuesten Erkenntnissen des damaligen Strafvollzugs ab und zu mit Wasser übel zu begießen. Auch Verfehlungen gegen die Schau-Ordnungen der einzelnen Zünfte wurden hier geahndet, und so ist es der „Gießübel“, in welchem 1590 der gesamten Bäckerzunft drei Tage Zeit gegeben wird, über zu klein gebackene Wecken nachzudenken. Mit 825 Kanonenkugeln schossen die Schweden 1634 die Stadtmauer vom Gigelturm bis zum Siechentor sturmreif, wobei „auch der Thurm Gießübel genannt, gefället und der Stadtgraben damit ausgefüllt worden“.

Abb. 20 Ehinger Tor Mit dem für militärische Sieger bezeichnenden Reformdenken bestimmte im Juni 1810 die neue württembergische Regierung andere Namen für die alten Stadttore: das Obertor hieß nun Riedlinger Tor, das Grabentor wurde zum Waldseer Tor, das Spitaltor trug den neuen Namen Ulmer Tor und das Tor nach dem Gießübel, das Siechentor wurde in Ehinger Tor umbenannt.
„Der äußeren Gestalt nach war dieser viereckige Turm mit spitzbogigem Tordurchgang, mit Zeltdach und Backstein-Rundbogenfries unter dem Dachgesims der einfachste und am wenigsten ansehnlichste, er hinderte aber auch den Verkehr am wenigsten, da dieser schon längst durch die um 1850 eröffnete Wielandstraße zum großen Teil abgelenkt worden war und zwar dorthin, wo ihn früher schon, bis 1404, das Rechtor in die obere Stadt geleitet hatte“ schreibt Preiser in seiner Bau-Chronik. Im Zuge der Stadterweiterung von 1373 er-

baut, wurde der Turm im beginnenden 19. Jahrhundert als Gefängnis für die aufgegriffenen Räuberbanden verwendet.

„Anklopft das Wetter unter Sturm
Zu Biberach im Sünderturm.
Die Wölbung bebt vom Widerhall,
Die Eisenstäbe zittern all.

Es blitzt so hell, es kracht so schnell,
Da liegt auf Stroh kein Diebsgesell,
dem in der schwarzen Feuernacht
nicht das Gewissen lodernd wacht.

Ein Mörder nur ohn' all's Gebet
In Ketten angeschmiedet steht,
Ein eisern' Band den Leib umflicht,
Er kann nicht knien, er tät's auch nicht.

Aus einer Falte seiner Haut
Schlüpft eine Feil', eh's einer schaut,
‚Jetzt feil' ich in der dunklen Nacht,
Ich feile, weil das Wetter kracht!

Dem Richter, dem Gesetz zum Spott!
Noch einen Strich – dann Trotz dir Gott!
Ja wett're nur! Ich feil', ich feil'!'
Da fliegt der Blitz, der Flammenpfeil.

Da feilt der Strahl den Ring durchein,
Er feilt bis in das Herz hinein,
Der Mörder krümmt sich wie ein Wurm,
Der Donner schüttelt an dem Turm.

Die andern hat verschont der Schlag
Und nur als schwarze Schlacke lag
Mit Ketten und mit Eisenband
Verschmolzen einer an der Wand."

So poetisch beschreibt Gustav Schwab einen Blitzschlag, welcher den im Ehinger Tor gefangengesetzten berühmt-berüchtigten Räuberhauptmann Xaver Hohenleiter, genannt der „Schwarze Vere", am 20. Juli 1819 erschlug. Um die Gefangenen weiterhin der irdischen Gerechtigkeit zu erhalten, versah man daraufhin die drei Gefängnisse Riedlinger Tor, Bürgerturm und Ehinger Tor mit Blitzableitern.
Im April 1874 erreichte das erste Abbruchgesuch das Rathaus, und fast zur gleichen Stunde als drei Jahre später der Dampfsäger Baumann mit seinen Arbeitern das 500 Jahre alte Ehinger Tor niederriß, zerschmetterte ein Gewittersturm auf dem Lindele den 300jährigen Lindenbaum.
Fünf Mauererker gliederten die Stadtmauer zwischen Siechentor und Spitaltor, doch nur der letzte der Zwischentürme besaß einen Namen: „Wendenschimpf, ist eine Custodia für die prodigal. Verschwender und ungeratene Kinder."

Abb. 21 Ulmer Tor, früherer Zustand Eine Bleistiftskizze Emmingers als Vorstudie für eine (nicht ausgeführte) Lithographie erläutert die Situation am Spitaltor, dem späteren Ulmer Tor, vor der Entfestigung. Die östliche Ausfallstraße der Stadt ist durch Tor, Vorwerke und Zugbrücke gesichert. Hinter dem achtgiebeligen Turm des Wendenschimpfs der langgestreckte Bau des Franziskanerinnenklosters, dessen Dachreiter dem dahinterliegenden Ehinger Tor Konkurrenz macht. Das Ulmer Tor selbst verdankt sein Überleben der Bahnhofstraße, welche nach der Eröffnung der Schienenstrecke Ulm – Friedrichshafen den Hauptverkehr übernahm. So konnte der Gemeinderat ein Abbruchgesuch der Ulmer-Tor-Anwohner im Jahre 1862 negativ bescheiden und das schlankste der Biberacher Tore blieb stehen. Erbaut im Zuge der Stadterweiterung von 1373 wurde es 1606 von Thomas Kuzberger renoviert; 1820 erhielt das Dach den freistehenden Glockenstuhl, dessen Glocke, der „Gausappel“, zum abendlichen Eintreiben des Federviehs, zum Gänseappell läutete.

Abb. 22 Promenade am Ulmer Tor Als man im 19. Jahrhundert begann, sich von der Zwangsjacke des Mauerrings samt Wall, Graben und Zwinger zu befreien, wurden die gewonnenen Flächen zur halbkreisförmig um den Altstadtkern führenden „Promenade“ eingeebnet. Das beschauliche Leben dieser mit Springbrunnen und Anlagen geschmückten, noch abgasfreien Prachtstraße, schildert eine lavierte Federzeichnung, der Entwurf einer Ansichtskarte. Von der Geruhsamkeit dieser Zeit ist wenig geblieben. Selbst die Uhr des Ulmer Tors, welche von 1701 bis zum Zweiten Weltkrieg nur einen Zeiger besaß und deshalb die Zeit nur mit einer hinreichenden Genauigkeit anzeigen konnte, wurde von irgendeinem unserer so verteufelt einfallsreichen, bedauernswerten, im Wortsinne „Zeitgenossen“ zur geistlosen Normaluhr modernisiert. Für den Torturm selbst hatte man weniger übrig; die 1931 aufgemalten Wappen überdeckt heute ein abbröckelnder graugrüner Putz, eine späte Variante des Bildersturms, der 1531 alle die kunstvollen religiösen Bemalungen an den Stadttoren übertünchte.

Abb. 23 Harmonietürmchen Den Viertelkreis der Stadtmauer zwischen Spitaltor und Einlaß sicherten fünf Mauererker, von denen einer, das Harmonietürmchen, noch erhalten ist. Seinen späteren Namen verdankt es der 1810 angebauten Wirtschaft „Zur Harmonie“. Einer kleinen Mühle schräg gegenüber, in welcher durch die Wasserkraft der Riß-Schnupftabak gemahlen wurde, gab der Volksmund den skurrilen Namen „Bührers Magdalenentempel“.
Einige Schritte weiter steht das letzte „Rondell“, einer jener vielen kleinen Erker der Zwingmauer. Nach der Beseitigung des Mauerrings gab sich hier eine ehrbare Herrengesellschaft dem Laster des Kartenspiels hin. Gespielt wurde „101“, und so nannte der Volksmund das winzige, runde Türmchen bald „Hunderter-Häusle“. Trumpf war der Schellensiebener („Bälle sticht älle“).

In dieser Ecke der Stadtmauer hatte die Halbwelt wirklich Tradition, denn unmittelbar neben jener Spielhölle stand der „Einlaß“, nach einem Anwohner Hegeler, vielleicht aber auch nach den Hagenbuchern lange

Zeit „Hegeler Tor" geheißen. Bis Oktober 1782 wurden jeden Abend nach dem Gebetläuten die Zugbrükken der vier Tore hochgezogen, ein starkes hölzernes Fallgatter heruntergelassen, die Torflügel durch Ketten und Balken gesichert und die Schlüssel auf dem Rathaus abgeliefert. Dann war der Einlaß die einzige Möglichkeit, nachts die Stadt zu betreten – oder zu verlassen. Über das Ritual des Einlassens berichtet Krais, daß die beiden Wächter, wenn an die Pforte geklopft wurde, den oberen Innengang des Turms betraten, „zuerst den Leuchter, der in der Mitte hing, hinunterließen, sodann das Tor öffneten, die betr. Person hereinließen und gleich wieder schlossen, so daß diese Person gleichsam eingeschlossen war, weil das Tor nur oben auf dem Gang geöffnet und geschlossen werden konnte. An dem Leuchter war eine kleine eiserne Schüssel, in die das Einlaßgeld (2½ Kreuzer) gelegt werden mußte, welche der Einlasser hinaufzog. War das Geld nicht richtig, und die Person weigerte sich, mehr zu bezahlen, so ließ man sie eingeschlossen, bis sie bezahlte." 1382 schon genannt, ereilte 1516 den Einlaß sein Geschick nicht etwa durch feindliche Soldaten, sondern durch die zündelnden Mönche des Salmansweiler Hofes: „daß zu der Zyt in dieser statt Bybrach by hundert und sexss hüsser und stadel verbrunnen und ouch zween dürn, das grabenthor und das hegelthor, mit sampt der ringkmur gar auß- und abverbrunnen." 1802 wurde der Turm zur Schuldentilgung verkauft, teilweise abgetragen und nach einem Umbau unter dem Namen „Zum Zwinger" einer zivilen Nutzung als Braunbierwirtschaft zugeführt.

Abb. 24 Waldseer Tor Das Grabentor (Waldseer Tor), das schon im 14. Jahrhundert erwähnt wurde, bewachte den südlichen Zugang zur Stadt, die wichtige Handelsstraße über Waldsee zum Bodensee. Ein doppeltes Vortor, das bis zum Ratzengraben reichte, betonte die strategische Bedeutung, während der viereckige Turm selbst neben dem „Klösterle" (heute: Amt für öffentliche Ordnung) stand. Auch dieses Tor nahm beim großen Stadtbrand Schaden, und ein gutes Jahrhundert später schossen die schwedischen Kanonen das Dach herunter, worauf ein neuer Dachstuhl mit freistehendem Glockentürmchen aufgesetzt wurde. Der 1808 von Stuttgart befohlene Schildbürgerstreich, durch den Abbruch der Wehrgänge die zur Renovierung des Rathausdaches benötigten Ziegel zu bekommen, hatte die Idee zur Folge, auch das Waldseer Tor zu Baumaterial zu verarbeiten. Die erhofften Steine erwiesen sich als völlig unbrauchbar, und da der weitere Abbruch um 200 Gulden teurer geworden wäre, baute man das Tor im Jahre 1811 wieder auf, um es dann 33 Jahre später endgültig niederzureißen.

Abb. 25 Das Riedlinger Tor von außen Nur zwei Erker und der hier eintretende Wolfentalbach („Ratzengraben") befestigten die Stadtmauer auf ihrem Weg vom Waldseer Tor zum schönsten aller Biberacher Türme, dem Obertor (Riedlinger Tor). Über dem spätgotischen Spitzbogen der Durchfahrt baute 1564 Hans Kuzberger den achteckigen Mittelteil mit den vier Erkertürmchen neu auf; von seinem Sohn Thomas stammt der oberste Stock mit den Blendnischen zwischen Renaissance-Pilastern. Seine heitere Architektur dürfte das Tor wohl der Tatsache verdanken, daß es mehr eine Einlaß- als eine Verteidigungsaufgabe zu erfüllen hatte, und für Notfälle der Weiße Turm mit seinen Kanonen wie ein großer Bruder dem Benjamin unter die Arme greifen konnte.

Abb. 26 Das Riedlinger Tor von innen – Abb. 27 Abbruch des Riedlinger Tors Um das Jahr 1830 fielen die kleinen, „Rondelle" genannten Vortürme, anderthalb Jahrzehnte später begann dann das große Kesseltreiben gegen das Riedlinger Tor durch die lieben Nachbarn, welche sich um ihren Platz an der Sonne sorgten. Fünfundzwanzig Jahre währten die Intrigen der blassen Anwohner, dann vermochte auch ein Gnadengesuch des Königs den Turm nicht vor der Spitzhacke zu bewahren. Wie Jäger vor dem erlegten Hasen, so ließen sich die bleichen Torgeschädigten noch kurz vor dem Abbruch vom Fotografen Angele ablichten. Vom 13. Juni 1870 an, nur unterbrochen durch die der Tradition verschriebenen Tage des Schützenfests

Ansprache und Rath eines guten Freundes an das Obere- oder Riedlinger-Thor.

O Oberthor, Du alter Thurm!
Hast ausgehalten manchen Sturm;
Beherbergt viele wider Willen,
Die — der Nächstenlieb gepflegt im Stillen,
Doch aber solche falsch verstanden,
Deshalb bei Dir ein Obdach fanden.
Auch Manchen, der auf böser Fährte
Gegangen, und trotz all' Beschwerde
Unschuldig? in den Schatten kam,
Hast Du gar freundlich aufgenommen,
Und wenn die Kost, die er bekommen,
Auch nicht die allerbeste war,
Er durfte doch für nichts mehr sorgen,
Vor Sturm und Regen war er geborgen!
Jetzt aber in der neuen Zeit
Harrst Du vergeblich auf die Leut',
Die Du so freundlich hast beschützt;
Du bleibest hinfort unbenützt;
Denn All', die mußten in Dir sitzen,
Die müssen jetzt wo anders schwitzen,
In einem besseren Lokal,
Ganz neu gebaut, dabei modern,
Doch sey auch dort nicht Jeder gern.
Was einst der hohe Rath gewillt,
Das hast Du pflichtgetreu erfüllt
Zur Zeit schon wo man Zöpf' getragen,
Allein in unsern jetz'gen Tagen
Bist Du — ich sag' Dir's offen, ehrlich,
Für's Allgemeine ganz entbehrlich. —
Du hinderst täglich den Verkehr,
Am Markt und in der Erndt' noch mehr;
So mancher Wagen klemmt sich ein,
Kein anderer kann aus und ein;
Das macht unsäglich viel Verdruß,
Besonders wenn man eilen muß. —
Als Thurm bist Du streng genommen,
Auch recht erbärmlich weggekommen;
Denn wer die ganze Stadt umgeht,
Sieht Dich erst, wenn er vor Dir steht;
Doch bist zu hoch, zu dünn, zu alt
Zu einer Bad- und Waschanstalt. —
Du hast auch in so vielen Jahren,
Wie's in der Welt hergeht, erfahren,
Drum glaub' ich wär es an der Zeit
Und für die ganze Stadt ein Segen
Du würdest Dich zur Ruhe legen,
Mach'st Platz für Fuhrwerk, für die Leut',
Und dann hast Du — o denk' daran —
Ein wahrhaft gutes Werk gethan! —
Du gäbest einen guten Grund,
Weshalb man Dir zur letzten Stund'
Gewiß recht gern behilflich wär,
Nach langem Stehen gehts doch schwer. —
Laß Dir nun eine Bittschrift machen,
Ein Advokat versteht die Sachen, —
Und gehet der nicht darauf ein:
Ist's der Verschönerungsverein. —
Man soll Dich vollends pensioniren,
Wie Festungswerke bald rasiren,
So kommst Du — wenn es Dir gefällt —
Mit allen Ehren aus der Welt! —

---

wurde die reich gegliederte Fassade mit ihren für das Biberach des 16. Jahrhunderts so typischen Kielbogen („Eselsrücken") abgerissen. Der „Rath eines guten Freundes" war verwirklicht.

Abb. 28 Bürgerturm Mitten zwischen den Häusern nördlich der Pfarrkirche erhob sich das ehemalige Untertor, der durch die Erweiterung des Mauergürtels überflüssig gewordene Bürgerturm. Um den schmucklosen, viereckigen Steinklotz trotzdem einem guten Zweck zuzuführen, baute man Gefängnisse für die Bürger ein, welche dem Turm zu seinem neuen Namen verhalfen. Als man 1819 anfing, den oberschwäbischen Räuberbanden zwangsweise einen festen Wohnsitz zu verschaffen, verlegte man die bürgerlichen Zellen in das Riedlinger Tor, um den Bürgerturm mit gefangenen „Jaunern" zu belegen.
Bald glaubten sich die Anwohner durch den alten Kasten gestört, und vor allem der hektische Straßenverkehr mit den paar Pferdefuhrwerken der Biedermeierzeit brach am Engpaß des Tordurchgangs immer wieder zusammen. 1842 brannte das angrenzende „Weiße Roß" ab, und man beeilte sich, dem Turm einen Brandschaden zuzuschreiben, doch weder eine „Medizinalvisitation", welche den Bürgerturm für gesundheitsschädlich erklärte, noch das städtische Bauamt konnten die Abbruchverfügung erwirken. Im Oktober 1844 allerdings wurde die Sache ernst: große Steine waren vom Turm auf die Straße herabgefallen. Es hätte ja einen erschlagen können! Es hätte nicht. Das Tor selbst erfreute sich einer so ausgezeichneten Gesundheit, daß einige Anwohner der Sache nachhalfen, indem sie bei Nacht und Nebel die Mauern erstiegen, die Quader losgebrochen und auf die Straße hinuntergeworfen hatten. Am andern Morgen waren die Saboteure dann hilferufend aufs Rathaus gerannt, und nun hatte ihr Gezeter Erfolg: im November wurde der Bürgerturm auf den Abbruch verkauft; und so berichtet ein Beteiligter, „daß der feste Bürgerturm, nachdem an demselben vier Burger, Färber und Maler J. B. Pflug, Weißgerber Kolesch, Hasenwirt Mühlschlegel und Weißroßwirt Handtmann zuerst gezwickt und gepickt hatten, im Dezember 1844 und Januar 1845 abgebrochen und hernach ein Freudenfest mit Ball im neuerbauten Weiß Roß unter allgemeiner Beteiligung der Bevölkerung in heiterster Stimmung gefeiert und den obigen vier Attentätern ein dreifach Hoch von der zahlreichen Versammlung ausgebracht wurde." Ein für diesen Anlaß gedichtetes Lied, das fleißig gesungen wurde, schloß mit dem Vers:

„Zerstört ist er bis auf den Grund
Zerstaubt sein letzter Rest
Drum rufen wir zu dieser Stund'
Am frohen Leichenfest:
Dreimal hoch soll jeder leben,
Der ihm einen Stoß gegeben,
Unserm sel'gen Bürgerthurm!"

Opferte man die alten Türme den „Erfordernissen des Verkehrs" oder den Bittschriften der Anwohner, so wich die Mauer dem Drängen des Stadtkämmerers. Während der beiden Koalitionskriege gegen Frankreich hatte Biberach wieder einmal auf der falschen Seite gestanden, und so brachten die neun Kriegsjahre bis zum Frieden von Lunéville (1801) der Stadtkasse ein Manko von über zwei Millionen Gulden. Zur Tilgung der Schulden veräußerte man die übriggebliebenen Heeresbestände. Die militärisch längst wertlos gewordenen Zwingermauern waren schon 1790 gefallen, nach 1802 wurden die Gräben zu Gartengrundstücken parzelliert, und auch einige nicht mehr benötigte Türme und Erker fanden private Käufer. Die letzte dem Mauergürtel verbliebene Aufgabe entfiel, als der Deutsche Zollverein 1837 die Torsperren aufhob. Danach wurden die Mauern verkauft, jene Mauern, auf deren Wehrgänge die Kinder so gerne spielten und die Frauen ihre Wäsche aufhingen. 1874 ließ es sich die Stadt 100 fl. kosten, das stehengebliebene Mauerstück

unterhalb des Weißen Turm zu durchbrechen. Nun öffnete das „Hundert-Gulden-Loch" den Weg vom Theater zu den Fachwerkhäusern des Weberbergs.

Bemerkenswerte Gebäude

Abb. 29 Brand des Kirchturms 1584 Das markanteste Bauwerk der Stadt ist die St. Maria und St. Martin geweihte Kirche, deren Ursprung die Brandtafel auf das Jahr 1110 legt, doch kann dies nicht auf die heutige dreischiffige Basilika zutreffen, deren spätgotische Stilelemente in das 14. und 15. Jahrhundert weisen. Der Standort der Kirche, die bis zur Stadterweiterung hart am Ostrand der Stadt auf einer kleinen, an den Treppen beim Rathaus noch spürbaren Erhebung lag, läßt auf eine frühere Wehrkirche schließen. Der heute rund 70 m hohe Turm war bis zum Brand von 1584 auf die ganze Höhe viereckig und mit einem neunzackigen gotischen Steildach abgeschlossen.

Zügelloser religiöser Fanatismus zerstörte im Bilder-

sturm von 1531 neben zahllosen anderen Kunstgegenständen auch den von Martin Schongauer gemalten Hochaltar. Man überstrich die mit religiösen Motiven bemalten Stadttore, und auch das auf die Außenwand der Kirche gemalte, bis zum Dach reichende Bildnis des hl. Christophorus wurde übertüncht. Und dabei war das Kolossalgemälde so nützlich gewesen, denn ein Blick auf den „Langen Christoffel“ ersetzte nicht nur ein vergessenes Morgengebet, sondern schützte auch vor jähem Tod.

In der Pfingstnacht des Jahres 1584 ging nach einem Blitzschlag der Turm in Flammen auf, wobei vier Menschen den Tod fanden. Die neue Orgel, die Uhr und alle Glocken wurden vom Feuer zerstört. Schon ein Jahr später baute Hans Kuzberger den Turm nach der neuesten Mode wieder auf, nun im oberen Teil achteckig und mit einer „welschen Haube“ geschlossen. Unter der Oberleitung des Malers Johannes Zick erfolgte Mitte des 18. Jahrhunderts die so fragwürdige wie konsequente „Renovation“ der Pfarrkirche: Gips und Stuck, imitierte Marmorpilaster, Freskomalerei und ein großer Aufwand an Vergoldung bestimmten fortan den auf Rokoko umdekorierten Innenraum. 1817 wollte man alles wieder übertünchen, hörte aber wegen der zu hohen Kosten in Höhe der Pfeiler auf. Mit einem Aufwand von 95 600 Mark wurde in den achtziger Jahren des letzten Jahrhunderts wieder renoviert; knapp neunzig Jahre später belastet die Neugestaltung des Innenraums mit 2,27 Millionen DM (1967–1970) die Kasse der gemeinschaftlichen Kirchenpflege.

Abb. 30 Renovierung 1933 Das Foto der Außenrenovierung stammt aus dem Frühsommer des Jahres 1933, als der Nationalsozialismus noch „fromm“ war und ist vom Schadenhof aus aufgenommen. Rechts die Gebäude von Müller „Zum Alten Oberamt“, unter dem Kirchturm das einstige „Lädele“ von Ilg.

Im Osten der Stadt, jenseits der Rißbrücke, umfährt die Bundesstraße 30 respektvoll den einfachen Barockbau der Friedhofskirche „Zum Heiligen Geist“. An der gleichen Stelle stand schon im 13. Jahrhundert das Kirchlein für den hier angesiedelten Spital. 1603 wurde die Kirche neu erbaut, aber schon 29 Jahre später rissen die Schweden ihren evangelischen Biberacher Glaubensgenossen das Gotteshaus wieder ab, um freies Schußfeld auf die anrückenden Kaiserlichen zu bekommen. Es zählt zu den Rosinen im Kuchen der Biberacher Geschichte, daß es dann weitere zwei Jahre später die Kaiserlichen waren, die ihren katholischen Brüdern in Christo den Friedhof einebneten. Nach dem Westfälischen Frieden entstand das heutige Kirchlein, in dessen Seitenwände zahlreiche steinerne und hölzerne Epitaphien eingelassen sind, welche halbverwittert die Namen einst bedeutender Biberacher Familien tragen: Leutrum, Lupin, Gaupp, Krais, Wieland, Knecht. Und bei aller Andacht entziffert man nicht ohne Schmun-

Das katholische Gegenstück zur Heiliggeistkirche entstand 1404, als die Stadtkasse für die Zeit wie für die Ewigkeit Geld übrig hatte: den Lebenden zur Bequemlichkeit wurden einzelne Plätze der Stadt mit „Kislingsteinen" gepflastert, den Toten wurde beim Siechenhaus eine neue Kapelle gebaut, welche man der heiligen Magdalena weihte. Nach dem Dreißigjährigen Krieg wurde die Kirche paritätisch genutzt und besonders die evangelischen Birkendorfer legten stets großen Wert auf ihren direkten Zugang quer durch die Freiburger Wiesen unterhalb des heutigen Bahnhofs. Als in der Mitte des 19. Jahrhunderts die Schienen der Eisenbahn diesen Glaubensweg blockierten, erzwangen die Birkendorfer den Bau des Eisenstegs über die Bahngleise.

Die Bezeichnung „Siech" hat sich in der Gegenwart zur Bedeutung von „Kerl" gewandelt, wobei schon geringe Attribute wie etwa „dommer Siech" oder gar „saudommer Siech" eine gewisse Mißbilligung ausdrücken. In früheren Zeiten wurden als „Siechen" oder „Bettriesen" die Kranken ganz allgemein bezeichnet, und auch die freie Reichsstadt Biberach erbaute ihren Siechen ein Haus mit der schmerzstillenden Bezeichnung „St. Maria Magdalena Leprosorium", eine Art Quarantänestation draußen vor dem Rechtor, unterhalb des Buchhofs. Die aufopfernde Pflege an den Leprakranzeln die philosophische Inschrift auf dem Grabmal des Justin Friedrich Wechsler, weiland Feldmesser, Herdmeister und Adlerwirt:

„Stehe still, Sterblicher,
und betrachte den Ort der Begräbniß
derer Jenigen,
die in ihrem Leben sich Wechslere mit
Vergnügen genennet
und sich als Wechsler mit Ehren gezeiget,
endlich aber
als solche gestorben, indem sie das Zeitliche
mit dem Irdischen
und das Irdische mit dem Himmlischen
glückselig verwechslet."

ken erforderte bald auch eine günstig gelegene Begräbnisstätte und so entstand der Vorläufer des katholischen Friedhofs, den die Pest von 1574 beträchtlich erweitern half. 1814 wurde das Siechenhaus umgebaut und sorgfältig in eine Armen- und eine Pockenabteilung getrennt, bis 1887 das Gebäude abbrannte und der „Neue Spital“ dessen Aufgaben übernahm.

Abb. 31 Kloster der Franziskanerinnen Zu Zeiten der Reichsstadt gab es in Biberach zwei Klöster, das Kapuzinerkloster vor dem Obertor und das Kloster der Franziskanerinnen am „Alten Postplatz“. Hier bezogen 1365 ein paar Nonnen ein schlichtes Gebäude, bis sie sich – neu reich geworden – gute dreihundert Jahre später zum Ärger des Magistrats ein überdimensioniertes Kloster erbauten, dessen Kirche quer zum Giebel des heutigen Amtsgerichts stand. Daneben betrieben die „Schwestern in der Claus“ noch ihre private Stadtsanierung, indem sie umliegende Gebäude aufkauften und abbrechen ließen, „um das Kloster frei zu stellen“. Nach der Säkularisation nahm die badische Regierung 1805 noch kurz von dem Prachtbau Besitz, ein Jahr später aber hob die nun württembergische Herrschaft das Kloster auf und schickte die vierzehn Damen in den Ruhestand. Württembergisches Militär bewohnte nun die Räume, und die überflüssig gewordene Kirche mit ihrem reizvollen Zwiebeltürmchen wurde abgebrochen. Den übriggebliebenen Langbau bezog 1819 der erbliche Landespostmeister Fürst von Thurn und Taxis, bis im Jahre 1851 der Staat das damals noch einträgliche Geschäft in eigene Hände nahm und die Post in den neuerbauten Bahnhof verlegte. Seine Distanz nach außen hat das alte Nonnenkloster stets bewahrt: zu Zeiten der Ehrwürdigen Mütter versperrte das schwere Tor der Pforte den Eintritt, später sicherte ein Doppelposten den Zugang zur „Kaserne“, und selbst heute betritt man die Räume nur auf Geheiß einer hohen Obrigkeit und in demutsvoller Haltung, denn neben dem Amtsgericht und dem Staatlichen Hochbauamt beherbergen die alten Mauern nun auch noch das Finanzamt.

Abb. 32 Kapuzinerkloster Das maskuline Gegenstück zum Nonnenkloster, das Kapuzinerkloster, wurde 1615 vor dem Obertor erbaut. Als die Schweden siebzehn Jahre später das Gebäude demolierten, flüchteten die Mönche in die Stadt, wo sie zunächst hinten am Holzmarkt wohnten und diesem Winkel zum Namen „Kappenzipfel“ verhalfen, bis sie nach dem Westfälischen Frieden ihr Kloster neu aufbauen konnten. Als Vorrecht war einem der Pater erlaubt, alljährlich an Palmsonntag die „Kontroverspredigt“ zu halten. Dabei wurde zum Gaudium aller Katholiken kräftig gegen die lutherischen Ketzer gewettert, doch es wird glaubwürdig berichtet, daß die anfeuernden Rufe, welche den Pater zu immer saftigeren Formulierungen anspornten, oftmals auch aus evangelischem Munde kamen. Je handfester die Schelte ausfiel, desto reichlicher spendeten die herbeigeeilten Bauern anschließend dem Kloster, und so deckte eine gute Kapuzinerpredigt oft den Jahresbedarf an Naturalien, bis gegen Ende des 18. Jahrhunderts der schöne Brauch als sittengefährdend abgeschafft wurde. Nach der Säkularisation ging es dann auch mit dem Kloster selbst rasch bergab; man benützte es zeitweise als Fabrik, als Waisenhaus, als Töchterschule, als Kaserne und zuletzt als Armenhaus.

Abb. 33 Die beiden Rathäuser 1432 wurde statt der alten „Metzig“, in deren Obergeschoß der Senat Rat hielt, der Fachwerkbau des heutigen „alten“ Rathauses mit seinen vorkragenden Stockwerken unter dem Krüppelwalmdach errichtet. Das Erdgeschoß mit seinen Eichensäulen benützte man später als Waagraum, weshalb man den Stadtbach davor mit Dielen abdeckte und über dem Einfahrtstor ein Schutzdach anbrachte. Bis zum Ende der städtischen Zölle wurden hier die Abgaben und die Steuern aller eingeführten Waren ermittelt.

„Anno 1503 ward in unserer Stadt Biberach das vordere oder neue Rathaus erbauet“ schreibt Seidler in seiner Chronik. Der spätgotische Backsteinbau mit dem von Treppengiebeln begrenzten Satteldach belebt durch seine sechs Erker auch heute noch die Silhouette des Marktplatzes. Den mittleren Dachreiter, ein „schönes, mit

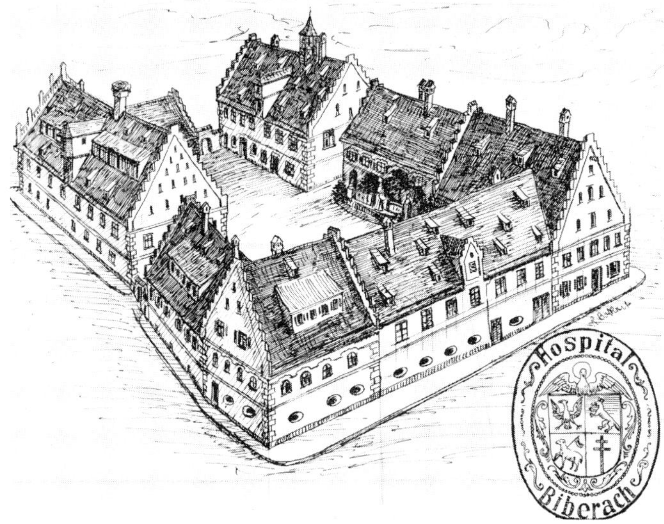

Kupfer gedecktes Türmchen mit 4 Uhrtafeln", und die kupfernen Drachen der Wasserspeier opferte man 1808 dem Umbau in ein württembergisches Oberamtsgebäude. So abgetakelt erhielt der Gemeinderat sein Rathaus wieder zurück, als zwanzig Jahre später das Oberamt seinen Sitz in die Schadenhofstraße verlegte.

Nicht die Rathäuser, sondern der (nicht das) Spital bildet auch heute noch in seiner baulichen Geschlossenheit die eindrucksvollste Häusergruppe im Weichbild der Stadt. Gegründet wurde diese gemeinnützige Stiftung schon vor 1258 als „Hospital zum Heiligen Geist und der Glorwürdigen Jungfrau Maria" und lag auf Birkendorfer Markung, rechts der Riß am Osterberg beim heutigen evangelischen Friedhof. Zahlreiche Stiftungen, Schenkungen und Zuwendungen machten aus der kleinen Pfründe schon bald eine reiche, autarke Einrichtung. 1320 wurde der Spital städtischer Besitz, den man nach der Erweiterung des Mauerrings allmählich in die Stadt verlegte, wo das abgebrannte Kloster der Barfüßernonnen einen günstigen Bauplatz ergab. Das Huhn, das der Stadt noch so viele goldene Eier legen sollte, war damit im Stall. Im 14. und 15. Jahrhundert war der Spital für die Stadt der reiche Onkel aus Amerika: in 27 Dörfern und Weilern verfügte er über den Grundbesitz samt niederer und hoher Gerichtsbarkeit. Zahlreiche „Zehnte", ausgedehnte Wälder und Weinberge, sowie rund fünfhundert leibeigene Untertanen erlaubten nicht nur ein umfangreiches karitatives Wirken, sondern mußten auch immer wieder helfen, die städtischen Finanzen in Ordnung zu bringen.

Beim großen Feuer von 1516 brannten die 12 Fachwerkbauten zum großen Teil nieder, doch schon drei Jahre später hatte der Maurermeister Peter Treu um 8800 Pfund Heller den Gebäudekomplex in der heutigen Form wieder aufgebaut. Die einzelnen Baukörper, die sich um den großen Innenhof gruppierten, enthielten die katholische und die evangelische Spitalkirche (seit 1720), Krankenhäuser und Siechenstuben, die Kinderstube (Waisenhaus) und die Narrenstube (Irrenzellen), eine Schule, das Krätzezimmer (heute würde man sagen: die Isolierstation), Barbier- und Badstuben, Wohnungen, sowie Kornspeicher und die dazugehörige Mühle. Heute beherbergen die alten Mauern neben Schulen und städtischen Ämtern auch die Städtischen Sammlungen (Braith-Mali-Museum) und das Stadtarchiv.

„Es ist ein schöner Schaz in unserer Stadt, der kommt den armen Leuten wol und schadt den reichen nichts, wie denn die vermöglichen Bürger drinnen Pfründen kaufen können, die armen Dürfftigen aber und Kranke umsonst eingenommen werden." Unter der Pfründe verstand man den Einkauf in eine Leibrente; für eine 200-Gulden-Pfründe erhielt man dann sein restliches Leben lang jede Woche 3 Laibe Brot, 2 Maß (= 4 Liter) Wein und 2 Pfund Fleisch, dazu Mehl und Schmalz nach Bedarf, sowie jährlich 40 Eier und einen Karpfen. Die Wohltätigkeit lohnte sich, und schließlich wuchs das Barvermögen des Spitals so an, daß „man das Geld manchmal nicht unterzubringen wußte". Der Spitalpfleger glaubte es zu wissen, als er im Jahre 1858 mit den 10429 Gulden der Kasse nach Amerika durchbrannte, doch erst die Inflation machte mit den Sorgen um zuviel Bargeld endgültig Schluß.

Abb. 34 Die Waaghausschule – Abb. 35 Einweihung der Mädchenschule, 1907 Die erste urkundliche Erwähnung eines (natürlich lateinischen) Schulmeisters ist fast so alt wie das Stadtrecht: 1278. Es waren helle Köpfe, jene alten Magister, und als man die Parität auch auf den Sektor Erziehungswesen ausdehnte, gab es die gelehrten Herren sogar in doppelter Besetzung. Der Schullehrer Schinbain reimte eine Stadtchronik und befaßte sich, wie auch sein Kollege Seltzlin, mit der Geographie des Oberlands.

Der alte Ochsenhauser Pfleghof, gegenüber dem „Strauß" (die heutige Realschule) wurde schon 1775 als „katholisches Professoratshaus" genutzt, war in der badischen Zeit gemeinsames Gymnasium, bekam 1826 sein „neumodisches", heute noch vorhandenes Walmdach und seither pro Generation einen neuen Verputz. Neben dem Spital stand und steht noch das schon 1531 genannte „alte Schulhaus am Kirchhof". Sein Umbau im Jahre 1909 erforderte eine phantasievolle Stützkonstruktion, vor deren Kulisse sich die dienstbefreiten Schüler gerne fotografieren ließen.

Beim Kappenzipfel, auf dem Platz, wo bis zu seiner Einäscherung der Salmansweiler Pfleghof gestanden hatte, erbaute die Stadt in den Jahren 1846–1848 um 72 000 Mark ein weiteres, veritables Schulhaus mit drei Geschossen. Der Maler Volz würdigte diese Kulturtat, indem er das gute Stück in seinen lithographierten Sammelbildern verewigte (vergl. Abb. 14). Von dieser Knabenschule führte ein Holzsteg zur heute samt Geisteshaltung und Insassinnen längst dahingegangenen „Höheren Privat-Töchterschule". Aber nicht der Tatsache dieser direkten Verbindung, sondern wohl einzig und allein den günstigen Platzverhältnissen ist es zuzuschreiben, daß just ein Jahr später direkt daneben ein Kindergarten errichtet wurde.

In „glückhafter Vereinigung Altbiberacher Stilelemente" (Fialen, Stockwerksüberkragungen, Rundbogenfriese und Eselsrücken) erbaute in den Jahren 1906/07 für 300 000 Goldmark der Stadtbaumeister Preiser das neue Mädchenschulhaus, die heutige Pflugschule. Eine Perspektivskizze aus der Hand des Meisters entschädigt mit dem feinsinnigen Eröffnungsgedicht für das Präjudiz einer zehnprozentigen Kostenüberschreitung.

Abb. 36 Die ehemalige Wachtstube Ein weiteres, pädagogisch durchaus wertvolles Gebäude war beim „Stiegle" zwischen Rathaus und Kirche. Schon im Dreißigjährigen Krieg wurde es als „Scharwächter Häußlin" erwähnt, später nannte man es Wächterhäusle. In Kriegszeiten diente es als Hauptwache, im Frieden hielten sich die „Stadtbüttel", die städtischen Schutzleute und die Nachtwächter, darin auf, „auch war darin ein Arrest zur Unterbringung verhafteter Bettler u. dergl.". Kurz bevor es 1887 abgebrochen wurde, ließen sich noch einmal voller Stolz die Herren Polizisten vor ihrer Wache fotografieren und selbst der gerade eingelochte Vagabund streckte den Kopf durch die Gitterstäbe seiner Zelle, um wenigstens auf diese Weise sein Haupt der Nachwelt zu erhalten.

Drei anderen reichsstädtischen Gebäuden steht man gegenüber, wenn man vom „Kapellenplatz" zu den Gigelbergtürmen hinaufblickt: der Stadteich, dem Salzstadel und dem Stadtadvokatenhaus. Ein altes Lichtbild – es stammt aus der Zeit vor 1896, als der Platz noch frei von Kaisers Denkmal war – zeigt links die von Peter Treu 1484 erbaute Eich (Marktplatz 43, 45, 47). Dieses einst wohl schönste Gebäude Biberachs verschandelt heute der Ritterburgenstil des 19. Jahrhunderts. Dominierend in der Mitte des Bildes der steile Treppengiebel des spitälischen Salzstadels (Marktplatz 40). „1513 Allhier zu Biberach wurde das

Schene große Haus gebaut, darin der Salzstadel und Weinkeller ist bey St. Niklaßkapelle." Das Nebenhaus, dessen Giebel immer noch weit in den oberen Marktplatz ragt, bewohnten Generationen von Stadtadvokaten, bis die Mediatisierung ihren so zahlreichen wie geld- und zeitraubenden Rechtshändeln ein Ende setzte.

Abb. 37 Der Ochsenhauser Pfleghof Zwischen die wuchtigen städtischen Bauten, die einfachen Bürgerhäuser und die schon üppiger gebauten und besser ausgestatteten Wohnsitze der Patrizier schob sich zu Reichsstadtzeiten noch ein weiterer Gebäudetyp, der Pfleghof. Abgesehen von dem Mittelbiberacher Edelmann Schad („Schadenhof") und dem Grafen von Stadion waren es die umliegenden Klöster, welche sich in die Stadt einkauften, um hier recht stattliche Anwesen zu errichten: Heggbach, Marchtal, Memmingen, Ochsenhausen, Ravensburg, Salem (Salmansweiler), Schussenried und Weißenau. Phantasielose Chronisten begründen die rege Bautätigkeit meist damit, daß auf diese Weise die Klöster den Abgabezoll der Stadt umgangen, also eine legale Form der Steuerhinterziehung getrieben hätten. Aber die Klöster pflegten stets über ansehnliche Pfründen zu verfügen, und zudem standen sie wirtschaftlich meist auf eigenen Beinen.
Was also war der tiefere Grund für den Bau der Pfleghöfe? Es war der unverwüstliche Slogan von der Stadtluft, die frei macht. Und so zogen die bessergestellten geistlichen Herrn nach Bologna, Padua oder Paris, um ihren „Studien" zu obliegen. Da war der Abt dann weit, und das Nachtleben der Weltstädte bot Stoff für die vielfältigsten Versuchungen, für läßliche und unerläßliche Sünden, gab Grundlage für spätere hautnahe Predigten. Aber die ärmeren Brüder in Christo, denen das nötige Kleingeld für die Reise in jene gelobten Länder fehlte? Nun, sie verwalteten reihum die einzelnen Pfleghöfe in den nahegelegenen Reichsstädten. Das 15. Jahrhundert war wenig prüde, und nicht nur die durchziehenden Kaiser belebten (samt dem vollzähligen Hofstaat, und sich für diese Artigkeit der Stadtkasse oft schriftlich bedankend) die „öffentlichen Häuser"...
„Anno 1447 gestattet der Rath dem Ulrich Fiderlin hier zu Biberach, ein Frauen- und Wollusts-Haus zu halten, wie Nördlingen, Kaufbeuren und andere Städt eins haben, wogegen er sich verpflichtet, der Stadt auf Raths Begehren jederzeit mit einem reisigen Pferd zu dienen." Das Geschäft blühte. Der Magistrat von Nördlingen machte sich schon 1472 durch ein Dekret unbeliebt, das den Mönchen nahelegte, nicht die ganze Nacht über bei den „gelüstigen Fräuleins" zu bleiben – womit wir wieder beim Thema Pfleghöfe wären. Die Tugend überlebte: das Etablissement des Herrn Fiderlin ist verschwunden, geblieben sind in Biberach nur die klösterlichen Häuser. Im ehemaligen Ochsenhauser Hof waltet seit fast 200 Jahren die Pädagogik. Der Schussenrieder Hof in der Gymnasiumstraße, dessen Giebel immer noch die alte Sandsteinkartusche schmückt, wurde wie die anderen Klosterhöfe zu bürgerlichen Wohnungen umfunktioniert. Nur der Salmansweiler Hof fehlt. Dort hatten 1516 die Mönche mit dem Feuer gespielt (das ist nun wörtlich gemeint!): ihr Pfleghof und mit ihm über hundert Häuser der südlichen Stadt brannten nieder.

Abb. 38 Das älteste Haus Wenige Schritte neben dem alten Ochsenhauser Hof, der heutigen Realschule, steht halbversteckt und eingeklemmt von seinen jüngeren Nachbarn das wahrscheinlich älteste Biberacher Haus (Zeughausgasse 4). Das kräftige Eichenfachwerk mit seiner stark vorkragenden Stockwerkseinteilung, dem Krüppelwalm und dem darüber noch aufgesetzten Giebelchen hat sich in dem halben Jahrtausend seines Bestehens kaum verändert. Schuld daran ist wohl, daß kein berühmter Sohn der Stadt hier zur Welt kam, lebte oder starb, daß kein ruinöser Rechtsstreit, kein überreicher Besitzer, kein ambitionierter Baumeister über den Bauplatz neu verfügte, daß weder eine schwedische Brandkugel noch eine französische Fliegerbombe das Fachwerk zerriß, daß kein Hochwasser so hoch reichte und kein bleicher, sonnenhungriger Nachbar den Abbruch beantragte. Und selbst die heutigen Zauberformeln wie „Stadtsanierung" und „verbesserte Verkehrssituation" sind dort hinten in der Zeughausgasse bisher noch ohne Wirkung geblieben.

Abb. 39 Äußere Ulmer-Tor-Straße, 1900 Anders als im Altstadtkern entwickelte sich die Situation außerhalb des ehemaligen Mauerrings. Dort, wo heute zwischen dem Neubau der Kreissparkasse am Ulmer Tor und den Bahnschienen die Gebäude der Bundespost den Einbahnverkehr sortieren, standen noch um die Jahrhundertwende einige kleine Einzelhäuschen, deren Aussehen ein anonymer Fotograf am 11. Mai des Jahres 1900 auf seiner lichtempfindlichen Platte festhielt. Wenige Monate später waren die Gebäude abgebrochen, um Platz für das neue Postamt zu schaffen. Auch das Anwesen des Privatiers Georg Heiß (rechts im Vordergrund) mußte dran glauben.
Dieser Georg Heiß war ein stadtbekanntes Original. Die Biberacher Nasen erfreute er mit einer selbst hergestellten Sondermischung Schnupftabak des wohlklingenden Namens „Schneeberger", dessen aus Hobelspänen gefertigte Büchslein den Aufdruck trugen: „Dieses echte und gerechte Schnupf- und Nießpulver zieht die Feuchtigkeit aus dem Haupte und stärkt das Gedächtnis." Daneben betrieb dieses Unikum noch eine „Nudelfabrikation". Bei schönem Wetter hingen die Nudelfladen zum Trocknen an dem Holzgeländer vor dem Haus, worauf böse Zungen behaupteten, die mittwochs hergestellten Nudeln hätten ihre besonders goldgelbe Farbe nicht durch zusätzliche Eier, sondern nur, weil die Hunde der zum Markt ziehenden Bergerhauser Bauern „ihren Fuß daran gelupft" hätten.

Abb. 40 Erstes Wohnhochhaus – Abb. 41 Altstadtkern 1972 Die größte städtebauliche Maßnahme der Stadt war die Erweiterung nach Osten und die Ummauerung (1373), was eine Verlegung der Riß voraussetzte. Beides sind technische Meisterleistungen der damaligen Zeit. Als Folge der ungewissen Zeitläufe blieb danach die Bautätigkeit fast ein halbes Jahrtausend lang auf dem Bereich innerhalb des Mauergürtels beschränkt. Erst mit der Entfestigung im 19. Jahrhundert entwickelten sich die ersten „Vorstädte". Den Anfang machte die Ehinger Straße, es folgte in den fünfziger Jahren der Bereich um den Bahnhof, dann die Saulgauer Vorstadt („Klein Paris"). Während und nach der Inflation von 1923 entstanden die Siedlungen an der Bergerhauser Straße und im Gaisental, vom Volksmund liebevoll „Schuldenbuckel" und „Hypothekenschlucht" geheißen. Zur gleichen Zeit konstituierte sich ein Siedlungsverein, der auf dem Galgenberg eine Gruppe Kettenhäuser erstellte. Der Wiederaufbau nach dem Zweiten Weltkrieg erschloß neue Vororte wie das Talfeld, den Mittelberg, das Weiße Bild und Bachlangen. Als sichtbares Zeichen der baulichen Entwicklung entstand 1956 am Mühlweg das erste Wohnhochhaus. Die bebaute Fläche der Stadt, welche zu Merians Zeiten noch 20 ha betrug, ist heute, 1972, etwa 530 ha groß (bebauter Stadtbezirk mit Gärten und öffentlichen Grünflächen, ohne Wegenetz).

Kultureller Mittelpunkt Biberach

Abb. 42 Hinrichtung auf Schloß Warthausen, 1571 1398 hatte die Stadt dem römischen König Wenzel den Blutbann abgehandelt, also das Recht, „zu richten über das Blut schädlicher Leute". Die Sache war sicher nicht billig gewesen, und nun wollte man für sein Geld auch etwas haben. „Den 23. April 1587 ist entleibet worden Johannes Haller. Den 1. Juli hat man hier gehenket einen von Mittelbiberach, wie auch einen von Schönegg verbrannt und einem Dritten zwei Finger abgehauen, der hieß Meichtele."
Die perverse Mode des Hexenwahns mit ihren Menschenjagden fand auch in Biberach Anklang: „anno 1522 ist ein groß Wetter geweßt von Schussenried bis Heggbach. Die Leut so es gemacht seynd hingerichtet worden." 1647 hatte die Inquisition Hochkonjunktur, als sechs Biberacherinnen gleichzeitig der Hexerei an-

geklagt und verbrannt wurden. Fünf Jahre später beschuldigte man die Witwe Rollin und die alte Spitalmeisterin Barbara Wisshak des gleichen Vergehens. Nach grausamen Foltern gestanden beide. Während die Witwe Rollin noch im Gefängnis Selbstmord beging (nach der offiziellen Version holte sie der Teufel), wurde das Bärbele geköpft. Die Zeiten mußten besser geworden sein, denn entweder war das arme Weible wirklich so dick, oder der übrigens stets katholische Scharfrichter war aus der Übung gekommen: fünf (5!) Schwertstreiche brauchte der Henker, um seine blutige Arbeit zu vollenden. Früher war man in solchen Fällen weniger konziliant gewesen, denn war der Kopf des Delinquenten nicht beim ersten Hieb ab, so schlug das sachverständig zuschauende Volk den stümperhaften Henker erst einmal tot. Einwandfreie Arbeit dagegen erbrachte dem Scharfrichter das Lob der von weither angereisten Herren Innungskollegen, den Beifall der Menge und stets ein Blumensträußchen aus holder Hand. Der Sorge um den Tatterich waren die Scharfrichter erst enthoben, als die Erfindung des französischen Arztes Guillotin den Beruf modernisierte. Mit einem letztmaligen Ausklinken des Fallbeils im Mai 1864 endete die große Zeit der Biberacher Scharfrichter, der Hiert, Vollmer und Deibler.

Hübsch differenziert wie die einzelnen Strafen waren auch die Richtstätten für die armen Biberacher Sünder. Auf dem Marktplatz wartete ein alter, schwarzer Galgen auf Deserteure, die Kriegsdienstverweigerer der damaligen Zeit. Die Rathausecke war der Pranger, den eheliche wie kaufmännische Kursabweicher gleichermaßen zu fürchten hatten. Im Hochgericht an der Straße nach Waldsee wurden nur die Exekutionswerkzeuge aufbewahrt; der Galgen selbst schmückte bis 1811 jene Anhöhe, welche noch heute Galgenberg heißt. Obwohl dem Volksfest einer Hinrichtung stets alt und jung zusahen, wurde in Biberach keines der scharfrichterlichen Meisterstücke für die Nachwelt im Bild festgehalten. Ein freundlicher Nachbar hilft aus: die Herrschaft Warthausen, deren eigener Galgen schon 1529 die Reichsstadt provozierte, ließ 1571 nicht nur den Wiedertäufer Hans Misel willkürlich im Schloßhof köpfen, sondern den Vorgang auch noch in Kupfer stechen.

Dem finsteren Aberglauben stand eine tief empfundene, erlebte Frömmigkeit gegenüber, die in den Mysterienspielen ihre natürlichste Ausdrucksform fand. „1531 ... habe man ein comedie auff dem Marckth gehalten; auf dem großen Rerbronen Sey eine Bine darzu auffgeschlagen gewest, von Erschaffung der Welt Biß auff die Geburt Christy." Scharenweise strömte die Landbevölkerung in die Stadt, um den Passionsspielen beizuwohnen, deren Form dem Tegernseer Bauerntheater näher stand als dem liturgischen Drama. Die Zuschauer waren am Geschehen aktiv beteiligt, etwa wenn es darum ging, in aufregender Jagd durch die halbe Stadt das „Simele" (Simon von Cyrene) zu fangen, um ihm nach einer handfesten Prügelei auch noch die Last des Kreuzes aufzubürden. Nur auswärtige Handwerksburschen waren gegen reichliche Vergütung für diese „tragende" Rolle zu gewinnen. Es kam zu weiteren Entgleisungen. Einmal baumelte der Judas schon echt, und ein andermal ließ der Lanzenstich den Gekreuzigten beinahe verbluten. Der römische Hauptmann ritt auf seinem Gaul funkensprühend in der Kirche herum, und manche der jugendlichen Zuschauer öffneten während der Fronleichnamsprozession den Flagellanten ihre hinten zugeknöpften Hemden, was zu wenig sakralen Anblicken führte, sobald sich diese Geißler bußfertig niederbeugten. Diesem frohen Treiben wurde „als die Sittlichkeit höchst gefährdend" 1788 Einhalt geboten.

Das weltliche Gegenstück zu den Passionsspielen bildeten die Aufführungen der 1686 gegründeten Bürgerlichen Komödiantengesellschaft. Es war zunächst ein reiner Herrenklub; alle Rollen, auch die der Lukretia oder der Venus wurden von Männern gespielt. Erst Mitte des 18. Jahrhunderts brach die Gleichberechtigung durch: „Am 2., 14. und 16. Februar 1741 ist gespielt worden ‚Der Königliche Maler' mit 22 Personen ... Dieses Schauspiel ist von Klauflügel nach einem älteren Stück bearbeitet und hat 7 Frauenrollen, wovon 6 von Männern gespielt, die 7. aber, die Prinzessin Siphra, zum ersten Male von einem Frauenzimmer gegeben wurde, nemlich von der Jungfrau Regine Xeller."

Abb. 43 Inneres des Theaters, 1749 Dem Musensohn Johann Martin Klauflügel verdanken wir auch das erste Vereinsbild, eine Tafel, welche die Komödiantengesellschaft als „comedie embleme" in Auftrag gab. Die stark idealisierende Darstellung zeigt Schauspieler auf einer runden Bühne, welche von drei Zuschauerrängen umgeben ist. Dieses Interieur stimmt nicht mit dem tatsächlichen Inneren der Schlachtmetzig überein, die Kostüme und die Porträts der Akteure dürften eher der Wirklichkeit entsprochen haben.

Jene Bretter, welche von 1650 bis 1858 die Biberacher Theaterwelt bedeuteten, waren der Fußboden im oberen Stock der Schlachtmetzig am Viehmarkt. Dieses Gebäude wurde um 1610 neu erbaut und diente zeitweise als Zuchthaus. Eine alte Zeichnung von geringer künstlerischer Qualität zeigt den Giebel des „Komödienhauses" neben dem südlichen Staffelgiebel des Spitals. Der seitliche Aufgang ist heute abgebrochen, an seiner Stelle steht trockengelegt einer der letzten gußeisernen Röhrenbrunnen. Außer dem geschweiften Ortganggesims schmückt die Giebelfront eine alte Sandsteinkartusche, welche ursprünglich den Reichsadler zeigte. Aber ähnlich wie andere Sieger 139 Jahre später die Hakenkreuze am Hoheitsadler, so ließen 1806 die neuen württembergischen Freunde das mißliebige Symbol mit dem Hammer wegklopfen. Später hatte man dann große Mühe dieses Zeugnis einstiger Größe zu restaurieren.

Abb. 44 Wielands Gartenhaus Die zweite Hochblüte des Theaters nach den Mysterienspielen, der absolute Höhepunkt der Biberacher Laienspielkunst überhaupt, begann, als Christoph Martin Wieland im September des Jahres 1761 den frisch übersetzten „Sturm" von Shakespeare auf die Bretter des Komödienhauses brachte. Nicht nur der hohe Ruhm des künstlerischen Erfolgs, auch eine 60 Gulden 20 kr. schwere Kasse als Folge eines ausverkauften Hauses war das erfreuliche Ergebnis. Wieland, Kanzleiverwalter und Schauspieldirektor der Stadt, konnte sich zufrieden in sein „Tusculum" zurückziehen, jenes kleine Häuschen in der Saudengasse, welches heute noch halb verdeckt von Zaun und Sträuchern das Museum dieses großen Biberachers beherbergt.

Abb. 45 Das Theater Im 19. Jahrhundert wurde der Biberacher Theaterwelt die alte Schlachtmetzig zu eng. Das überflüssig gewordene Torwärterhaus vor dem Riedlinger Tor ergab den günstig gelegenen Platz für einen Theaterneubau, den der Stuttgarter Leins im Dezember 1858 der Stadt übergeben konnte. Ein Jahr später hielt Leins' Kollege Dollinger die reizvolle, noch ganz in der Romantik liegende Situation mit Zeichenstift und Pinsel fest. Den (längst abgerissenen) Vorbau des Theaters flankieren im ersten Stock die Statuen von Thalia und Terpsichore, welche einst im fernen Frankreich gekauft und damit sozusagen die Urahnen der heutigen Jumelage mit Valence wurden. Vor der Eingangstreppe des Theaters brannte zur psychischen Erleuchtung der Besucher eine der alten Öllampen, über welche Ostermayer in seiner Chronik schreibt: „Die Stadt hat seit mehreren Jahren auch Straßenbeleuchtung mit schwebenden, stattlichen Laternen, 31 Stück; diese Anstalt ist noch zu sparsam, und sollten die vorhandenen Laternen mit wenigstens noch einem Dutzend vermehrt werden, auch die Bedienung derselben in besserer Pflege seyn; dato geschieht es durch zwei alte Weibspersonen . . ."

Abb. 46 Einweihung des Wielanddenkmals Beim neuen Theater, am Fuß des Weißen Turms, ehrte zu Pfingstmontag des Jahres 1881 die Stadt endlich ihren großen Dichter Christoph Martin Wieland, indem sie ihm ein Marmordenkmal von anderthalbfacher Lebensgröße setzte. Die „Allgemeine illustrirte Zeitung" würdigte das Ereignis mit einem Holzstich von Theodor Volz und schrieb dazu: „Von schönstem Wetter begünstigt, nahm die Feier den würdigsten Verlauf. . . . Zu den Thoren herein strömte die Landbevölkerung, um das ungewohnte Schauspiel einer Denkmalenthüllung mitanzusehen. Punkt 11 Uhr setzte sich der Festzug in Bewegung. Voran die bürgerlichen Kollegien, Beamten und Festgäste, die Gesangvereine, Veteranen und Turner. . . . der Urenkel Wielands, eine schöne Männergestalt, enthüllte hierauf das Denkmal, welches, von hellem Sonnenlichte bestrahlt, sich wunderbar schön von dem dunklen Grün des hinter demselben befindlichen Tannenwäldchens abhob. . . . Nach 4 Uhr endlich löste sich die Versammlung auf, über welcher des gefeierten Dichters Geist zu schweben schien, so weihevoll getragen verliefen die verlebten Stunden. . . ."
Nachdem die Ortspolizeibehörde den Musentempel wegen Baufälligkeit fast fünf Jahre geschlossen hatte, inszenierte in den frisch renovierten Hallen Direktor Robert am 12. November 1905 Strindbergs „Totentanz" so progressiv, daß er das kulturelle Leben Biberachs um einen Theaterskandal bereicherte. Die Kasse wurde sichergestellt, und im ganzen Reich machte der Eklat Schlagzeilen. Zwanzig Jahre später war das Gebäude schon wieder zu klein. 108 000 Goldmark kostete der Umbau, aber nun war wenigstens ein knappes halbes Jahrhundert Ruhe, bis sich das Gerangel um ein neues Theater wiederholen sollte.

Abb. 47 und 48 Schützenfest, um 1910 Einmal im Jahr, in der ersten Juliwoche feiert Biberach sein Nationalfest, das Schützenfest. Die Sage will, daß es entstand, als im Dreißigjährigen Krieg mit Nachhilfe der schwedischen Besatzung es den evangelischen Biberachern erlaubt wurde, statt der kleinen Nikolaikapelle wieder die Pfarrkirche zu benutzen. Wahrscheinlich aber wurde es – verbunden mit einem älteren Jahresfest der „Schützengilde" – erst nach dem Westfälischen Frieden gefeiert. Ursprünglich war es ein rein protestantisches Fest und erst gegen Ende des 18. Jahrhunderts zogen die Katholiken gleich. Der Versuch der badischen Regierung, beide Konfessionen an einen gemeinsamen (Bier)Tisch zu bringen, ging bald wieder ein, „worüber beide Teile froh waren, weil seit der Vereinigung keine wahre Freude bei den Festen herrschte".
Gute alte Zeit? Längst sind „an Schützen" alle Bänke

des Gigelbergs und der umliegenden Bierkeller paritätisch besetzt. Das Schützenfest ist guter Brauch, ist Tradition geworden, und vorbei sind die Zeiten, da die Schüler alljährlich die Erlaubnis dazu bei der hohen Obrigkeit, also dem Stadtschultheißen, dem Oberamtmann und den Geistlichen formell einholen mußten: „Hochgeehrter Herr! Es sind nun die Tage erschienen, welche dazu bestimmt sind, das alljährliche Kinderfest zu feiern. Wir bitten daher im Namen unserer Mitschüler gehorsamst um die Erlaubnis, das Schützenfest wieder begehen zu dürfen und versprechen dagegen, durch gesittetes Betragen uns der Freude und Ihrer ferneren Gewogenheit würdig zu beweisen." Die Schüler zogen dann von ihren Schulgebäuden gemeinsam zum Festplatz, und aus diesem Brauch entstand der heutige Festzug durch die Straßen der Stadt. Auf dem Marktplatz sang man gemeinsam die Biberacher Nationalhymne „Rund um mich her ist alles Freude . . .", danach traf man sich auf der Hochebene vor dem Schützenkeller, wo die fahnengeschmückte Festhalle aufgebaut war. Dort war auch die „Ziehung", jene einzigartige, kostenlose Kinderlotterie, welche keine Verlierer kennt. Die einstigen, buchstäblich eigenwilligen Hauptgewinne waren ein echter Geißbock für die Buben und ein genauso echtes Schäfle für die Mädchen, gleichermaßen laut erhofft (von den Kindern) wie leise befürchtet (von den Eltern). Heute sind Fahrräder zwar seelenlosere, doch pflegeleichtere Hauptgewinne.

Streiflichter aus der Stadtgeschichte

Abb. 49 Spanischer Erbfolgekrieg, 1703–1704 Der Broschüre „Die vor Furcht und Schrecken von der Donau weggeflüchteten Frantzosen oder vierdte Fortsetzung des mit Blut vermischten Donau-Stroms . . .", erschienen 1704 in Leipzig bei Theodor Boetio, ist ein Stich beigebunden, wobei die phantasievoll dargestellte Umgebung und das ungenau wiedergegebene Stadtbild deutlich werden lassen, daß es jenem Freund und Kupferstecher weniger darauf ankam, das urbane Erscheinungsbild Biberachs getreu wiederzugeben, als vielmehr die Ereignisse des Spanischen Erbfolgekriegs verkaufsfördernd aufzubereiten. Dergleichen trübt den Blick für die wahren Verhältnisse, und so fraglich es erscheint, daß die soeben bei Höchstädt geschlagenen französischen Formationen vor dem Uniformsalat des Heiligen Römischen Reichs Deutscher Nation noch groß erzitterten, so zweifelhaft ist auch jene Renommiergeschichte der Biberacher Bauern, welche noch während des Getümmels „gantze Arm voll Degen u. Flinten" aus der Hauptkampflinie geholt haben wollten, anstatt aus generalstabsmäßiger Entfernung das Kampfgeschehen zu beobachten.

Abb. 50 Schlacht bei Biberach, 1800 Knappe hundert Jahre später bügeln die Franzosen ihre Schlappe gleich zweimal (1796 und 1800) und so gründlich aus, daß man die „bataille de Biberach" sogar im Pariser Arc de Triomphe verewigte. „Vorstellung der Schlacht bey Biberach, welche am 9ten May 1800 zwischen den kaiserl. königlichen und republ. französischen Truppen vorgefallen ist" überschrieb der junge Johann Baptist Pflug ein etwas steif gezeichnetes Aquarell, mit welchem der erst Achtzehnjährige seinen Weg als Schlachten- und Genremaler begann. Der farbenfrohe Frontbericht unterscheidet klar zwischen den taktischen Ereignissen um die Stadt und dem nur als Staffage gedachten französischen Militärstab im Vordergrund.

Abb. 51 Hungerjahr 1817 Kriege, Zölle aus dem Flickenteppich der Klein- und Kleinststaaten, sowie eine fehlende langfristige Vorratshaltung erschwerten die Versorgung der Stadt, so daß fette und magere Zeiten oft sprunghaft wechselten: 1327 war das Getreide so knapp, daß man um einen Scheffel Veesen ein Jauchert Acker bekam; 1409 zahlte man für die gleiche

Menge Korn gerade noch 6 Groschen. 1386 kostete der Wein das Zwanzigfache des folgenden Jahres, und 1432 verwandte man den vorjährigen Wein, um damit Mörtel anzurühren. Ein Prosit der Stadt, deren Rathaus mit Wein gebaut wurde! „Tausendfünfhundertdreißig und neun galten die Faß mehr als der Wein.“ Im Dreißigjährigen Krieg wurden die Verhältnisse nicht besser, da selbst in ergiebigen Erntejahren der gesegnete Appetit der augenblicklichen „Freunde“ Scheune und Faß leer hielt. Mißernten wurden zur Katastrophe: „unnatürliche Dinge wurden verzehrt, wie Mäuse, Hunde, Katzen, Eicheln, Gras, Rinde und Wurzeln. Viele Menschen in Oberschwaben verhungerten.“

Die spitälische Stiftung half, wo sie konnte, trotzdem feierte die Stadt ein großes Dankfest auf dem Marktplatz, als nach dem Hungerjahr 1816 am 25. Juli des folgenden Jahres der Spitalbäcker Kees den ersten Garbenwagen in die Stadt führte. Die Gouache von Pflug zeigt in der Mitte des großzügig ausgeweiteten Marktplatzes das girlandengeschmückte Podest, um welches sich die Bürgerschaft versammelte. Rechts im Bild der offene Stadtbach mit der Kornbruck vor den Arkaden der Greth.

Dieses städtische Gebäude hat eine bewegte Geschichte hinter sich: sein Vorgänger, das „alte Schuhhaus“, die Markthalle der Tucher, Kürschner, Seckler, Gerber und Schuster, welche seit dem 13. Säkulum mitten auf dem Marktplatz gestanden hatte, wurde 1561 abgebrochen. „Zur Zier und Platz der Statt“, wie der Rat argumentierte; „weil es zum Theil ihrer eigenen Häuser am Ansehen gehindert“, wie die erbosten Zünfte feststellten. Um den Streit beizulegen, überließ man den Handwerkern das alte Waag- und Gerätehaus, die Greth. Der Bau, in welchen die Abgaben für die Stadt zu entrichten waren, erwies sich aber als zu klein; durch den Anbau des südlichen Teils wurde er auf eine Länge von 230 Werkschuh (ca. 56 m) erweitert. Ein Seitenflügel, der bis an den „Goldenen Adler“ (Haus Graf) reichte, und dessen Bogendurchfahrten auf Merians Stich noch gut zu erkennen sind, brach 1869 durch die Überlastung der Kornböden zusammen. Damit war für die „untere Schranne“ der Titelwettkampf um das nächst Ulm größte württembergische Kornhaus zu Ende.

Abb. 52 Kunstreiterin Madame Schmidt, 1832
Kultureller Höhepunkt des Jahres 1832 war die Kunstreiterin Madame Elisabeth Schmidt, welche vor dem Ehinger Tor eine Reitbahn aufgebaut hatte, um dem staunendem Biberacher Publikum ihre gewagten Kunststücke zu zeigen. Am gewagtesten allerdings war das Kostüm, welches die Beine von Madame freiließ, und zwar auf eine ziemliche Länge. Eine für diese Zeit schon ziemlich unziemliche Länge. Und dazu ritt die Dame auch noch im Herrensitz! Den Maler Pflug hatte der optische Genuß ebenfalls herbeigelockt und ihm verdanken wir diesen reizvollen Beitrag zum Thema Sex im Biedermeier.

Abb. 53 Der „Franzosensamstag“, 1848 Von den Gärungsprozessen des Jahres 1848 blieb auch die Oberamtsstadt Biberach nicht verschont: an einigen Markttagen drohte ein Aufstand, die Stimmung war gereizt, die Bürgerschaft in zwei Parteien gespalten, die Leserzuschriften der Lokalzeitung gewannen an Farbe. Öffentlich gab die gerade einjährige Turngemeinde bekannt, „den Gruß künftig hin anstatt des Abziehens von Hut oder Mütze nur durch Salutieren mit der Hand zu bezeichnen“; auch waren „schwarz-rot-goldene National-Cocarden das Stück zu 6 kr. zu haben bei Schelle-Blaßnek“.

Nach der Maxime, internen Zwistigkeiten durch Druck von außen zu begegnen, entwickelte ein kluger Kopf das Gerücht über den Einfall der Franzosen. Angeblich 20 000 mordend und plündernd näherrückende Franzosen ließen im ganzen Land erschrockene Bürger zu eilig herbeigesuchten Waffen greifen, um das bedroht geglaubte Gut und Blut notdürftig zu verteidigen – die Aggression hatte ihr Ventil und die Revolution ausgespielt. Es ist amüsant zu wissen, daß zur gleichen Zeit die französischen Nachbarn längs des Rheins vor einem angeblichen deutschen Überfall zitterten.

Mit einem vollen Tag Verspätung erreichte die Latrinenparole schließlich auch Biberach, und so ist der Festtag „Mariä Verkündigung", der 25. März 1848, als „Franzosensamstag" in die Geschichte der Stadt eingegangen. Der einzige blutige Zwischenfall ereignete sich am Ulmer Tor, jenem vor allem durch den Durst seiner Bewacher so gefährdeten Bereich, als sich der Sattler Stahl im Suff höchst eigenhändig einen Finger wegschoß. Der staunenden Nachwelt überlieferte der Maler Volz in einer Lithographie nach eigener Erinnerung die schrecklichen Begebenheiten; den Text zu dieser Operette schrieb der blinde Lokalpoet Schmalzing:

O, liebe Bürger, standet auf
Ond schlupfet g'schwend en d'Hosa
Ihr müsset glei zom Rothaus nauf
Do weret ihr gau losa,
Do liest ma ui gau ebbes vor
Daß ui en d'Höh stoht jedes Hoor
drum dent ui it lang b'sinna!

O, Bürgerschaft, wia wird's ons gau?
Ons drohet große Nöta,
Soviel i grad vernomma hau
Von eilige Stafetta:
A Heer Franzosa hot ergrimmt
Scho Bada gänzlich überschwemmt
Ond wird zu ons heut komma!

Drom dend jetz glei, so guat es goht
Mit Waffa ui versorga,
Der Marktplatz sei der Sammelort
Ond des zwar no dea Morga.
O, liebe Bürger machet g'schwend
Vielleicht, daß mir no Weib ond Kend
Ond eiser Städtle rettet!

Do standet se en Roih ond Glied,
Se weret jo it weicha;
Doch ach, vor Angst send viel scho müed
Ond sehet aus wie d'Leicha!
Verzweiflung macht scho manchen stomm
Au laufet viel mit Büchsa rom
Die ihre Ladstöck suchet.

Potzsapperment, so helfet doch,
Des Ding isch it zom Lacha
Beim Strauß hot d'Stadtmau'r jo a Loch
O, dends doch g'schwend vermacha!
Die Schwella zu der Eisebah'
Die geand gau grad a Wand do na
No sollet se no komma!

Ruhm sei der Wach am Engnertor
Dia lot niemet passiera,
Sie tut vorsichtig jeden vor
Ganz g'nau examinira.
So hält se grad an Baura an,
Bis er se ganz ausweisa kann,
Warum er rei will fahra.

Beim Ulmer Tor ist's it a so!
Do kan ma fahra, laufa,
Die Wächter gucket oin kaum no
Se haltet se an's Saufa!
Grad tanzet oiner mit em Glas
Mi dauret no die Spittelgaß,
Daß sie so Preis ist geba!

Gottlob, jetzt nachtet's überall
Ond's Hauptchor darf jetzt gruba,
Doch unser alter Rothaussaal
Ist heut Nacht d'Wächterstuba.
Grad bringt do oiner sein Rapport
Ond sait es sei an alle Ort
Zum Glück ganz still ond rüebig.

Doch gant heut Nacht no alleweil
Im Städtle rum Patrolla
Ond dend vom Lautawirt in Eil
A Fäßle Bier rom holla.
Bloß d'Angstmann send dahoim ond lant
In Cognito von treuer Hand
Jetzt ihre Hosa wäscha.

On wer em Hiera hot koin Mist,
Der sieht jetzt ohne Zweifel
Wie gut a Volksbewaffnung ist,
A Volksheer fürcht koin Teufel!
Drum Bürger, frisch d'Musket zur Hand
No könnet mer no Stadt ond Land
Ond eiser Freiheit retta.

Abb. 54 Parade der Bürgerwehr, 1849 Die Episode des Franzosensamstags endete ein Jahr später nicht etwa in der Aufklärung des Gerüchts, sondern in „einer uniformierten und gut geschulten Bürgerwehr, bestehend aus einem Bataillon Musketiere, einer Eskadron berittener Bürger, eines Schützen-, einer Turner- und einer Compagnie Frei-Corps ... im Begriffe, ein Ausflug zu einem Manöver beim Burren zu machen". Die Begeisterung, hinter der von zarten Biberacher Damenhänden gestickten Fahne her durch das Riedlinger Tor zu paradieren, hielt nur kurze Zeit vor, und schon ab September übten die Turner nicht mehr Aug' und Hand für's Vaterland, sondern kehrten beleidigt zu ihrem Sportfeld auf dem Espach an der Ehinger Straße zurück. Man hatte ihnen die zugesagten 40 Musketen verweigert ...

Abb. 55 Postkutsche Biberach war schon 1618 Zwischenstation für den Thurn- und Taxis'schen Postreiter, der von Ulm über Waldsee nach Ravensburg und Lindau trabte; auch fuhren „Ordinari-Fuhrleute" jede Woche nach Memmingen, Lindau und Ulm. Später kam die Kutsche als keineswegs bequemeres, jedoch geselligeres Beförderungsmittel in Mode, und noch anno 1840 dauerte die Rüttelei im Eilpostwagen von Biberach zu der königlichen Residenz in Stuttgart über zwölf Stunden. Bei einer Fahrt in Richtung Süden erreichte man nach acht Stunden den Bodensee. Ganz vermochte aber auch die Eisenbahn die Postkutsche nicht zu ersetzen, und so verkehrte als Vorläufer der heutigen Bahnbusse ein Postwagen nach Uttenweiler. Ein Foto aus der Jahrhundertwende zeigt die Kutsche vor ihrer Station, dem „Schwarzen Rößle".
Aber der Fortschritt ließ sich nicht aufhalten. Im Mai des Jahres 1849 schnaufte die erste schwäbische Eisenbahn von Biberach nach Ravensburg, und ein Jahr später war mit der Verbindung nach Ulm die „Südbahn" fertig. Ganz ohne Schwierigkeiten war es bei der Planung nicht abgegangen, und so fragte entrüstet ein Bauer, dem die ausgesteckte Trasse mitten durch die Feldscheune führte, ob man denn glaube, daß er wegen jedem Zügle hinausgehe und die Tore öffne und schließe. Meinungsschwierigkeiten des Landtags zur Frage der Streckenführung beendete schließlich König Wilhelm durch einen Höchstderoselbst eigenhändig geführten Linealstrich, und deshalb ist das Gleis zwischen Erbach und Warthausen so gerade geraten.

Abb. 56 Das erweiterte Bahnhofsgebäude Der erste Biberacher Bahnhof war ein kleiner, hochbeiniger Bau mit Arkaden an beiden Giebelseiten. Die rasche Entwicklung des Biberacher Verkehrswesens erforderte noch vor 1877 eine erste Erweiterung in Form symmetrischer Anbauten. 1904 erfolgte der zweite Umbau, und als zehn Jahre später der erste Lazarettzug eintraf, waren die Handwerker schon wieder an der Arbeit.
Bereits 1866, zu einer Zeit, als man noch Zeit hatte, erhoben sich Klagen über die lange Wartezeit an den Schranken, denn die Straße nach Ulm führte damals noch quer über die Schienen. Und weil den Fuhrleuten an der Schranke oft der Gaul durchging, weil ihnen der Gaul durchgegangen war, errichtete man 1908, zwei Jahre bevor man mit dem zweigleisigen Ausbau der Schienenstrecke begann, jene Überführung, welche im Biberacher Sprachgebrauch auch heute noch unter „Eselsberg" firmiert.

27 000 Goldmark ließ sich die Stadt ihre Aufwertung vom Durchgangsbahnhof zum Schienen-Knotenpunkt kosten, und so fuhr am 1. März des Jahres 1900 schmalspurig der erste Zug nach Ochsenhausen. Die kleine Dampflok Nr. 46 vom Typ Tssd, welche noch bis vor wenigen Jahren als „Öchsle“ täglich drei Wagen für Personen und einen für Vieh ins Rottumtal zog, ist heute auf der Jagsttalstrecke der Paradeochse eines Vereins von Hobby-Eisenbahnern.

Abb. 57 Die erste Eisenbahn vor dem Jordanbad
Wie der erste Zug von Biberach nach Friedrichshafen aussah, überlieferte uns der Lithograph Eberhard Emminger, den dieses Wunderwerk der Technik so faszinierte, daß er durch alle seine späteren Steindrucke nach Möglichkeit eine Eisenbahn fahren ließ. Sorgfältig hat er die noch mit Torf befeuerte Lokomotive vom amerikanischen Typ Baldwin mit ihrem offenen Tender und den kastenartigen Wagen dargestellt, den Hintergrund aber bildet eine Ansicht des Jordanbads, das hier noch in seinem alten Zustand zu sehen ist. „Es hat in der Nähe auf der Statt Boden / ein Bad / der Jordan genandt“ wußte schon Merian in seiner Topographia zu berichten. Auch die Obersten der durchziehenden Soldateska pflegten sich im Jordanbad immer wieder gerne von der Strapazen des Krieges zu erholen, und der französische Marschall Ney fuhr 1806 sogar täglich hinaus, um der Sage nach in Champagner zu baden. Legende oder Wirklichkeit – Neys Aufenthalt kostete das Stadtsäckel gute 48 000 Gulden, und manche Bouteille mag diese Rechnung schon enthalten haben. Nicht nur französische Heerführer werden es bedauern, daß Neys Versuche zur Körperpflege heute durch die volkstümlicheren Kaltwasserkuren des Pfarrers Kneipp abgelöst sind ...

Abb. 58 Programmzettel Cäcilienverein, 1877 Im Jahre 1877 wurde der Stadt eine besondere Ehre zuteil. Der „Cäcilienverein für alle Länder deutscher Zunge“, der sich die Pflege kirchlicher Musik zur Aufgabe gemacht hatte, hielt vom 11. bis 13. September in Biberach seine Generalversammlung ab. Man arrangierte umfangreiche Festivitäten, denn schließlich hatte auch das Königspaar seine Teilnahme zugesagt. Die Buch- und Steindruckerei von W. Wörnle verlegte den Programmzettel, dessen Rückseite ein farbig lithographiertes Sammelbild schmückt. Die innere Vedute zeigt eine neue Perspektive der Stadt, den Blick von der Wetterkreuzsteige auf die Häuser der neuen „Saulgauer Vorstadt“, im Volksmund „Klein-Paris“ genannt. Umrahmt wird das Innenbild von der wahrscheinlich ersten Darstellung des erweiterten Bahnhofs, von einer naiven Vogelperspektive des Marktplatzes mit dem noch offenen Stadtbach und von der Ansicht des „Neuen Spitals“, dem heutigen Bürgerheim. Außer dem Ulmer Tor, dem neuen Theater und dem unscheinbaren Geburtshaus des begabten Biberacher Musikers Justin Heinrich Knecht kommt das bereits sieben Jahre verschwundene Ehinger Tor zu posthumen Ehren.

Abb. 59 Eisbahn 1878 Die Bewegungsmöglichkeiten für Fußgänger wurden im Jahre 1878 entscheidend verbessert. Nicht nur die Vorschriften über die Benutzung der neu angelegten Bürgersteige traten in Kraft, die Kollegien hatten auch beschlossen, in der Nähe von Gasfabrik und Bahnhof dem neu gegründeten Eisklub eine Eisbahn herrichten zu lassen. Wie die alte Postkarte beweist, fand diese erste organisierte Form des Wintersports großen Zulauf, da sie nicht nur die Muskeln, sondern auch die Möglichkeiten des gegenseitigen Kennenlernens beträchtlich erweiterte. Schließlich war das Eisvergnügen weder nach Geschlechtern noch nach Standesunterschieden getrennt, wie etwa noch anno 1836 der maskuline städtische Badeplatz an der Riß mit seiner konsequenten Dreiteilung: „für Männer / für Gesellen / für Knaben“.

Abb. 60 Das Schützenhaus Eine weitere Volksbelustigung war das Schießen. Zu Zeiten der freien Reichsstadt schossen die männlichen Biberacher Einwohner so häufig wie heute nur noch die Eidgenossen. Schon in der allerersten Stadtansicht von 1540 ist die Zielstätte der Büchsenschützen besonders vermerkt. Anscheinend hatte es auch während des Dreißigjährigen Krieges noch nicht genug geknallt, denn schon 1667 konstituierte sich erneut eine Biberacher Schützengesellschaft. Geschossen wurde im „Schützenkeller" stets mit eigenem Gewehr, das damals noch wesentlicher Bestandteil jedes Mannes und deshalb bei der Trauung auf dem Rathaus vorzuweisen war. Dort schoß auch der frischgebackene Bräutigam zum Fenster hinaus, um auf dem Weg zur Wohnung der Braut noch zweimal zu böllern. Geschossen wurde natürlich auch an den Kirchenfesten, dabei verwandelte anno 1817 eine zu kräftig gestopfte Wallbüchse des Weißen Turms für zwei Kanoniere das Fest Fronleichnam in Himmelfahrt.

Die neue württembergische Regierung hob nicht nur das allgemeine Jagdrecht, die „freye Pürsch" auf, sondern kassierte zur Sicherheit auch gleich die Donnerbüchsen der Untertanen; die abenteuerliche Bewaffnung der Helden des Franzosensamstags war das Ergebnis. Den tapferen Schützen schenkte die Stadt im Jahre 1900 die ausgediente Turnhalle, welche bis heute im Mumpfental als Schießstand dient. In künstlerischer Freiheit hat Professor Weiß auf der Jubiläumspostkarte das Gebäude samt Zielscheiben so herumgedreht, daß er auch noch die traditionelle Stadtsilhouette mit aufs Bild bekam.

Abb. 61 Turnhalle Die Frage an sich wurde im Prinzip schon sehr früh diskutiert, denn die bestehenden Verhältnisse machten den Bau der Halle zur dringendsten Notwendigkeit. Ein Fonds zur Finanzierung wurde gegründet, aber die Suche nach dem idealen Standort warf das Projekt immer wieder zurück: „Die Wahl des Platzes beanspruchte mehrere Sitzungen und verursachte viele Streitigkeiten auf dem Rathaus und in der Bürgerschaft." Als Standort für das Gebäude waren vorgeschlagen: der Hofraum zwischen Bismarckring und Bahnhofsgebäude, das ehemalige Kapuzinerkloster, der Garten der Wirtschaft „Zum Mond" an der Ehinger Straße, der Bereich östlich der Waldseer Straße, das Gelände zwischen Bahn und Riß, die Pflugwiesen, der Platz beim Schützenhaus und der Gigelberg. Der Gemeinderat erkannte nach langen Debatten schließlich im Gigelberg den idealen Standort für die Halle und gab das Projekt zur Ausführung frei.

Ähnlichkeiten mit heutigen Personen oder Vorgängen sind keineswegs beabsichtigt, aber durchaus vorhanden, wenn man die Geburtswehen der gegenwärtig im Planungsstadium darniederliegenden Festhalle mit dem (hier nach zeitgenössischen Darstellungen geschilderten) Entstehen der alten „Turn- und Festhalle" vergleicht. Von den ersten Debatten bis zum Baubeschluß vergingen runde dreißig Jahre. 1895 endlich konnte der Fachwerkbau eingeweiht werden. Ursprünglich hatten die Turner, welche sich 1847 zum heute größten Biberacher Verein zusammenschlossen, ihrem Vorbild Jahn in der Nähe des katholischen Friedhofs noch in freier Luft nachgeeifert, bis der Neubau auf dem Gigelberg ihnen ein wetterunabhängiges Training erlaubte.

Abb. 62 und 63 Einweihung des Kaiserdenkmals, 1896
Schon 1807 hatte der König Friedrich von Württemberg seine neugebackenen Untertanen besucht, wenn auch die Gnadenbeweise Ihrer Hoheit noch spärlich waren: Majestät wechselte in der Stadt nur die Pferde, um dann desto huldvoller mit den damals noch nicht eingemeindeten Bergerhauser Bauern über das Wetter zu sprechen. Und dabei hatten die guten Biberacher sich solche Mühe gegeben, die Straßen waren gesäubert und die Schlaglöcher ausgeflickt, die Schranken an den Stadttoren schwarz-rot geringelt. Tannenbäumchen säumten die Eingänge. Die Bürger trugen den Sonntagsstaat, in den Wirtschaften war das sonst übliche Gejohle untersagt und sogar den Kindern wurde verboten, der Staatskarosse hinterherzulaufen. Alles das war nun umsonst gewesen ...

Ein Jahr später, im Juni 1808, konnte man endlich den König innerhalb der Stadtmauern feierlich willkommen heißen. Die Entwaffnung der Bürger im folgenden Jahr, ungekannte Frondienste und Aufgebote für königliche Treibjagden waren neben anderen, oft willkürlichen und demütigenden Anordnungen der Dank des neuen Landesvaters an seine gutmütigen Kinder. Später besserte sich das Klima, und als Wilhelm I. sogar einmal seine „guten Biberacher" lobte, machte er

damit eben diese Biberacher zu überzeugten Monarchisten.
Aber es war halt immer bloß ein König. Nach dem Siebzigerkrieg endlich gab es wieder einen richtigen Kaiser und mit einer kleinen Erinnerungsträne an die einstigen reichsfreien Zeiten ließen die Biberacher ihren obersten Herrn in Bronze gießen. Auf einen Sockel gesetzt, wurde das Standbild am verregneten 10. Mai des Jahres 1896 auf dem Kapellenplatz der ehrfurchtsvoll dreinblickenden Öffentlichkeit übergeben. 1927 schob man den überflüssig gewordenen alten Herrn in die Grünanlagen bei der Rißbrücke ab, wo er noch heute würdig auf den Autoverkehr der B 30 hinunterblickt.

Abb. 64 Erstes Auto, 1900 1888 wurde eine städtische Verordnung über den Radfahrverkehr notwendig, und am 27. September 1901 bekreuzigten sich die verstörten Bürger beim Anblick des ersten Motorrads. Das Ende des pferdebespannten Fuhrwerks begann seinen Anfang zu nehmen, als im Jahre 1900, genau 15 Jahre nach der menschheitsbeglückenden Erfindung des schwäbischen Landsmanns Daimler auch das erste Biberacher Automobil durch die Straßen knatterte. Der Karossenfabrikant Ottenbacher hatte sich den Traumwagen selbst gebaut, dessen geräuschvoller Motor die Biberacher Mitbürger, Pferde, Hunde und Katzen ängstigte.

Abb. 65 Erstes Flugzeug, 1908 Orville Wright startete am 17. Dezember 1903 in Kitty Hawk zum ersten Motorflug, und schon fünf Jahre später begann für Biberach das Zeitalter der tollkühnen Männer in ihren fliegenden Kisten. 35 000 Goldmark (der Gegenwert von fünf Einfamilienhäusern) hatte der 30-PS-Anzani-Motor gekostet, mit dem Ernst Ottenbacher in seinem selbstgebauten Aeroplan über das Wolfental schaukelte.
Schon zwei Jahre zuvor, am 1. April des Jahres 1909 hatte morgens um 5.30 Uhr das erste Luftschiff, Seiner Majestät Zeppelin Nro. 1 auf der Fahrt nach München die Stadt überquert. Die Kinder hatten schulfrei, um

aufs Lindele eilen zu können, wo der „Aprilscherz“ dann tatsächlich vorbeibrummte. Zwei Monate später mußte der Z 1 an der Burrenstraße notlanden, und was laufen konnte, pilgerte hinaus, um die Riesenzigarre aus der Nähe zu betrachten.

Abb. 66 Turnhalle als Notlazarett Im August des Jahres 1911 fand noch in tiefstem Frieden das oberschwäbische Gauturnfest statt, doch schon wenige Jahre später hatte der Erste Weltkrieg die Szenerie in der Turnhalle bitter verwandelt, wo nun dicht an dicht die Betten für die verwundeten Soldaten standen. Heute sind wieder die heiteren Zeiten des Biberacher Lebens, die Fasnet und vor allem das Schützenfest Höhepunkte für die alte Turnhalle.

Abb. 67 Inflation 1923 Brakteaten, einseitig geprägte, papierdünne runde Silberplättchen, sind das Zahlungsmittel des Mittelalters. Durch zwei Ausführungen dieser Hohlpfennige ist die Stadt Biberach als Münzstätte bezeugt. Später, in der sogenannten Kipper- und Wipperzeit des Dreißigjährigen Krieges begnügte man sich damit, fremde Geldstücke durch Einschlagen eines Biberwappens zu legalisieren. Dies geschah auf Geheiß des Rats und damit war die Sache in Ordnung. Als aber gute einhundert Jahre später, im Frühjahr 1763, einige kunstfertige Bürger der Stadt be-

gannen, in ihrer freien Zeit Zinnplättchen in die Form württembergischer „Fünfzehner" zu bringen und sich diese Prägung durch „etliche Weiber" zum Tageskurs einwechseln ließen, verstimmte die löbliche Absicht den Magistrat so sehr, daß er die gesamte Mannschaft für längere Zeit hinter Gitter setzte.
Eine bittere Wiederholung der einstigen Biberacher Münzhoheit endet während der Weimarer Republik in der Lawine der Inflation. Ganze fünf Jahre liegen zwischen der 50-Pfennig-Banknote von 1918 und dem 20 000 000 000-Mark-Schein von 1923. Der Kubikmeter Wasser etwa, der Mitte Januar 1923 noch mit 20 Mark berechnet wurde und im Mai schon das Fünffache kostete, brachte es im August bereits auf 32 000 Mark, im September waren für die tausend Liter knapp 100 000 Mark fällig, im Oktober dann 180 Millionen und schließlich Mitte November 1923 genau 12 Milliarden. Bier als besseres Getränk war nun mit 52 Milliarden pro Liter zu bezahlen, das Pfund Fleisch mit 900 000 000 000 Mark, so daß sich ein gewöhnliches, kräftiges Vesper gut und gerne auf eine volle Billion stellte, die üblichen 20 Milliarden Trinkgeld noch gar nicht mitgerechnet.

Die Unruhe der Zeit erstreckte sich nicht nur auf die Finanzen. Am Donnerstag, den 20. September 1923, erschreckte die Oberamtszeitung ihre Leser: „In Biberach an der Riß ist es gestern zu sehr gefährlichen Vorgängen gekommen, die einem kommunistischen Putschversuch verzweifelt ähnlich sahen. Auch sonst im Oberland gärt es allerorten und man wird gut tun, wenn man sich für die nächsten Tage etwas vorsieht. Nach den Vorkommnissen in Biberach wäre es ein Frevel, wollte die Presse diese Erscheinungen der kommunistischen Verhetzung vertuschen. Schlußkurs New York: 200 Millionen Mark für einen Dollar."
Was war geschehen? Am Dienstag hatten linksgerichtete Biberacher gedroht, anderntags das Marktmonopol der Landwirte und deren eigenmächtige Inflationspreise durcheinanderzubringen. Gerüchte wußten, daß mit Plünderungen zu rechnen sei und daß die Kommunisten schon Handgranaten verteilt hätten. Am Mittwochmorgen erschreckten einige Arbeitertrupps die noch friedlichen Bürger, als sie singend mit einer roten Fahne durch die Stadt zogen. Obwohl die meisten Bauern verängstigt zu Hause blieben, wurden doch einige Marktstände umgeworfen, die Hähnchen enteignet und anschließend zu sozialisierten Einheitspreisen verkauft. Nun marschierte der überstürzt aber eindrucksvoll mit Knüppeln und „Hagenschwänzen" bewaffnete bürgerliche Selbstschutz auf, und die Arbeiter verzogen sich auf den Viehmarkt, wo sie sich Steine für die geplante Straßenschlacht bereitlegten. Doch das Gefecht verlagerte sich in den rhetorischen Bereich, und da auch die Polizei sich ganz auf die Aufgabe der Verkehrsregelung konzentrierte, kamen nur die Autos wieder in Schwung, die Revolution aber blieb stecken. Unter dem Stichwort „Göckeles-Mittwoch" ging das öffentliche Ärgernis in die Stadthistorie ein.

Abb. 68 Hochwasser, 1926 Frühe bildliche Darstellungen von Naturereignissen fehlen. Gottgewollten Schicksalsschlägen hatte man nicht vorzubeugen. Jeder ordentliche Wolkenbruch, jede rasch einsetzende Schneeschmelze ließ die unbegradigten Bäche über ihre Ufer treten, wobei besonders die Mühlen in Gefahr

liefen, daß ihre Fachwerkkonstruktionen einfach davonschwammen: „Anno 1591 hatte es ein waßer geben, das bei mans gedencken nie kain solches geweßen sey. Ja man hatt müßen die müllen mit ketten anbinden, das es sie nit hatt weggeschwemmt."
Schon 1814, 1817, 1890 und 1906 hatten Überschwemmungen ansehnlichen Wasserschaden gebracht, aber erst 1926 war auch die Fotografie so weit, uns von dem höchsten aller Hochwasser die entsprechenden Dokumente hinterlassen zu können. Der Wolfentalbach, jenes kleine Rinnsal, das heute den oberen Stadtbach und den Ratzengraben leidlich feucht hält, hatte sich voll entfaltet. Anzeiger vom Oberland, Samstag, den 5. Juni 1926: „Innerhalb weniger Stunden ist Biberach gestern von einer Hochwasserkatastrophe heimgesucht worden, die in ihrem Ausmaß die Überschwemmung des Jahres 1906 bei weitem übertrifft ... Gegen 11 Uhr standen die Wolfentalwiesen bereits vollständig unter Wasser. Parterrewohnende der Felsengartenstraße hatten schon alle Mühe, die Haushaltungsgegenstände in Sicherheit zu bringen ... Bis mittags 1 Uhr war das Stadtinnere größtenteils unter Wasser gesetzt. Das Ganze bot ein trostloses Bild. Um den anstürmenden Wassermassen einigermaßen einen Ablauf zu ermöglichen, mußten Brücken gewaltsam beseitigt und Brückenpfeiler (in der Paradiesstraße) gesprengt werden. In den Abendstunden nahm die Überschwemmung in der unteren Stadthälfte an Umfang zu. Es gab Stellen, an denen das Wasser über 1,50 Meter stand und vielfach in die ersten Stockwerke eindrang. Bei einbrechender Dunkelheit hat der Regen aufgehört. Die Stadt gleicht an vielen Stellen einem See."

Abb. 69 Ulmer-Tor-Straße, 1931 Aus doppeltem Grund ist die Aufnahme der Ulmer-Tor-Straße hier eingeschoben. Einmal ist dieser Straßenzug kurz nach der Renovierung des Ulmer Tors zu sehen und zum anderen wurde die Aufnahme in den ersten Märzwochen des Jahres 1931 gemacht, als die Stadt unter Schneemassen fast erstickte. Sechsspännig versuchten pferdebespannte Schneepflüge, die Straßen der Stadt leidlich freizuhalten. Das Foto vermittelt einen Eindruck, wie gepflegt das Ulmer Tor zu Anfang der dreißiger Jahre aussah. Über dem Torbogen waren der Biber sowie das badische und das württembergische Wappen aufgemalt. Der helle Anstrich des Turms stand in reizvollem Gegensatz zum dunklen Fachwerk der danebenstehenden „Sonne", dem Geburtshaus des Historienmalers Bernhard Neher. Es ist aber nicht etwa sechs Uhr, wie der einzige Zeiger der Uhr angibt, sondern das Werk ist wieder einmal stehengeblieben ...

Abb. 70 Ulmer-Tor-Straße, 1945 Keine fünfzehn Jahre sollte das Bild bestehen, bis die bitteren Realitäten des Zweiten Weltkriegs für die Stadt einen traurigen Rekord erreichten, als am Vormittag des 12. April 1945 eine Staffel französischer Bomber in wenigen Sekunden dreißig Häuser zwischen Ulmer-Tor-Straße, Bahnhofstraße, Pflugstraße und Obstmarkt in Schutt und Asche legte. Der in seiner städtebaulichen Geschlossenheit ursprünglichste Straßenzug Biberachs vom Ulmer Tor bis zum „Hecht" (neben Gläser-Lieb), zur Drogerie Franz und zum Uhrenhaus Bendel-Fleisch war ein rauchender Trümmerhaufen. Der verspätet gegebene und gewohnheitsmäßig wenig beachtete Luftalarm kostete 55 Menschen das Leben.

Abb. 71 Marktplatz, 1934 Was sich noch im Oktober 1934 anläßlich der Handwerkerwoche optimistisch in einem fahnengeschmückten Marktplatz geäußert hatte, brach knapp elf Jahre später zusammen. In einer historischen Parallele zur einstigen Schlacht um Biberach rückten elf Tage nach dem Bombenangriff auf die Ulmer-Tor-Straße, am Nachmittag des 23. April 1945 die Panzer der 1. französischen-marokkanischen Division von Westen her über die Mittelbiberacher Steige und das Gaisental auf die Stadt vor. Vereinzelte wirkungslose Gewehrschüsse auf den nachdrängenden Gegner wurden mit einem Streufeuer französischer Panzerkanonen auf die Stadt beantwortet, was verschiedene Gebäude erheblich beschädigte. Die meisten Einschläge aber verbuchte ein kleiner, massiver Beton-

Fe 312,5 28 SV1
Bestellschein für 312,5 g Butter oder Margarine oder 250 g Speiseöl 22. 9. bis 19. 10. 1941

Nebenabschnitt: Bei Bestellung von Butter mit dem Bestellschein Fe abtrennen. Bei Bestellung von Margarine oder Speiseöl an der Karte belassen.

125 g Quark 22. 9. – 19. 10. 41

62,5 g Käse oder 125 g Quark 1 22. 9. – 5. 10. 41

62,5 g Käse oder 125 g Quark 2 6. 10. – 19. 10. 41

Qu 125 28 SV1
Bestellschein für 125 g Quark 22. 9. bis 19. 10. 1941

Kä 125 28 SV1
Bestellschein für 125 g Käse oder 250 g Quark 22. 9. bis 19. 10. 1941

Gültig vom 22. 9. bis 19. 10. 1941

Reichsfettkarte
für Selbstversorger mit Butter
Normalverbraucher SV1

EA: Biberach

Name:
Wohnort:
Straße:

Ohne Namenseintragung ungültig! Nicht übertragbar.

28

125 g Speck oder Schweinerohfett oder 100 g Schweineschmalz 22. 9. – 19. 10. 41 28

187,5 g Butter oder Margarine oder 150 g Speiseöl 1 22. 9. – 5. 10. 41

125 g Butter oder Margarine oder 100 g Speiseöl 2 6. 10. – 19. 10. 41

Ist der Nebenabschnitt des Bestellscheins Fe abgetrennt, so wurde Butter, ist er an der Karte verblieben, so wurde Margarine oder Speiseöl bestellt

5 g Butter oder Margarine od. 4 g Speiseöl 22. 9.-19. 10. 41 28	5 g Butter oder Margarine od. 4 g Speiseöl 22. 9.-19. 10. 41 28	5 g Butter oder Margarine od. 4 g Speiseöl 22. 9.-19. 10. 41 28
5 g Butter oder Margarine od. 4 g Speiseöl 22. 9.-19. 10. 41 28	5 g Butter oder Margarine od. 4 g Speiseöl 22. 9.-19. 10. 41 28	5 g Butter oder Margarine od. 4 g Speiseöl 22. 9.-19. 10. 41 28
5 g Butter oder Margarine od. 4 g Speiseöl 22. 9.-19. 10. 41 28	5 g Butter oder Margarine od. 4 g Speiseöl 22. 9.-19. 10. 41 28	5 g Butter oder Margarine od. 4 g Speiseöl 22. 9.-19. 10. 41 28
5 g Butter oder Margarine od. 4 g Speiseöl 22. 9.-19. 10. 41 28	5 g Butter oder Margarine od. 4 g Speiseöl 22. 9.-19. 10. 41 28	10 g Butter oder Margarine od. 8 g Speiseöl 22. 9.-19. 10. 41 28

bau, der getarnt durch einige Kiefern strategisch günstig an der Straße zum Burrenwald lag und nicht nur durch die Sehschlitze eines Panzerwagens einem Bunker überaus ähnlich sah: das städtische Latrinengebäude.

Abb. 72 Kriegsende, 1945 In maßloser Dreistigkeit, unter Einsatz des eigenen Lebens fotografierte ein Biberacher die Parade der französischen Streitkräfte Ende Mai 1945 auf dem Marktplatz. Allein der Besitz eines Fotoapparats wurde in jenen Tagen streng bestraft. Das Originalbild fehlt, doch läßt das alte Klischee aus dem Archiv der Schwäbischen Zeitung die Härte der Zeit vollauf spürbar werden.

Wirtschaftliche Entwicklung

Verdankt das heutige Biberach seinen Aufschwung nach dem Zweiten Weltkrieg den sich ständig vergrößernden Industriebetrieben, so legte der Handel mit Leinwand, Barchent und Kürschnerwaren im 14. Jahrhundert den Grundstock für die Bedeutung und den Reichtum der Stadt. Non olet. Von wegen! Es stank sogar recht kräftig, denn die halb in den Hang eingegrabenen Arbeitsräume der Weber („Dunken“) waren zur besseren Isolierung mit Dung abgedeckt. Über 400 Webstühle klapperten in den Fachwerkhäusern am Weberberg, dem ältesten Teil der Stadt am Fuß des Gigelbergs. Biberacher Barchent war in Lyon und Venedig genauso begehrt wie in Antwerpen und Barcelona. Der zu einer solch vorkapitalistischen Entwicklung natürlich unbedingt notwendige Klassenkampf war auch da, nur eben ein bißchen vorverlegt, denn schon 1343 hatten die Handwerker die totale Herrschaft des Patriziats so satt, daß sie einen handfesten Aufstand anzettelten und sich in dreißigjähriger Meuterei schließlich eine Zunftverfassung nach dem Vorbild ihrer Ravensburger Innungskollegen ertrotzten. In sieben Zünfte war der gesunde Mittelstand nun gegliedert: Schmiede, Metzger, Schuhmacher, Bäcker, Weber, Schneider und Bauern. Noch 1603 hatten die Weber ein Viertel der Biberacher Bevölkerung gestellt, aber der Dreißigjährige Krieg, die Pest und die Gründung auswärtiger Manufakturen setzten diesem Berufszweig rasch ein Ende.

Abb. 73 Zunftbrief, 1831 Für uns heute sind die alten Zunftbriefe lebendige Zeugen einer handwerklichen Tradition. Die lithographierte Stadtansicht auf

Wir Geschworne Vor=und andere Meister des Löbl. Handwercks derer Barchet-Leinen-Weeber in der freyen Reichs-Stadt Biberach, urkunden und bescheinigen hiemit, daß gegenwärtiger Gesell, Namens von gebürtig, so Jahr alt, und von Statur auch Haaren, ist bey uns allhier Jahr Wochen in Arbeit gestanden, und sich solche Zeit über treu, fleißig, stille, friedsam und ehrlich, wie es einem jeglichen Handwercks-Purschen gebühret, verhalten hat; welches wir also attestiren, und deßhalben unsere sämtliche Mitmeister diesen Gesellen nach Handwercks-Gebrauch überall zu fordern, geziemend ersuchen wollen. In Urkund dessen haben wir das gewöhnliche Handwercks-Insigel hierauf gedruckt; So geschehen Biberach den Anno 17

dem alten Meisterbrief des Stadtbäckers Wanner bietet topographisch wenig Neues; dekorative Wirkung ging über Genauigkeit und übersah großzügig die Stadtmauer nördlich des Gigelturms.

Abb. 74 Markttag in Biberach Die ursprünglichste Form des Handels, der Markt, war und ist ein wesentlicher Faktor im Wirtschaftsleben der Stadt: „der Biberacher gemeinen Bürgerschaft großer Hang zur Mauscherei war vor Zeiten allwärts bekannt", schreibt voll tiefer Selbstkenntnis der Fabrikant Ostermayer in seiner 1851 erschienenen „Kronik". Der Beschluß eines wohlweisen Magistrats von 1491, den Mittwoch als Markttag festzusetzen, hält heute noch das Amt für öffentliche Ordnung in Bewegung, denn nicht nur an Michaeli und Martini ist der Marktplatz gestopft voll mit Leuten, sondern jeden Mittwoch sind zumindest alle angrenzenden Straßen mit Fahrzeugen vollgeparkt, und rein rechnerisch ist die Zahl der zum Markt geführten Pferdestärken sogar gestiegen, echte „Roßbollen" allerdings gibt es mengenweise nur noch am Schützendienstag.

Abb. 75 Viehmarkt Jeder Markt hatte früher seinen bestimmten Platz und schon der Stadtplan von 1622 differenziert die einzelnen Waren: Flachs-, Tuch-, Garn-, Wein-, Obst-, Milch-, Thentel-, Fisch-, Butter-, Kraut-, Hafen-, Kälber-, Sau-, Roß- und Viehmarkt. Der Hafenmarkt beispielsweise, auf welchem Keramik feilgeboten wurde, hatte seinen Platz hinter dem alten Rathaus.
In einem kleinen Ölbild hat der Maler Gebel den lustigen längstgestreckten Schuppen festgehalten, der an regnerischen Tagen als Verkaufshalle für die Töpferwaren diente. Entweder wurden nach 1893 die Wetterverhältnisse besser oder die Töpfe weniger, jedenfalls brach man das Häuschen ab. Die Situation auf dem Viehmarkt schildert eine Federzeichnung aus der Zeit der Jahrhundertwende, als die Bauern noch im langen blauen Kittel auf den Markt kamen, um nach dem Ritual des dreifachen Handschlags ihre Tiere den Händlern abzutreten.

Abb. 76 Biberachs Bierkeller Über das Wirtschaftsleben der Stadt gibt Memminger in seiner 1837 erschienenen Oberamtsbeschreibung erschöpfend Auskunft: in 791 Gebäuden wohnten 4663 Einwohner (2920 ev.; 1743 kath.), dazu kamen 271 Pferde, 740 Rindviecher, 853 Schafe, 279 Schweine und 18 Ziegen als lebendes Inventar. Neben 64 „Handlungen" werkelten noch 46 Kleinläden. Die 704 Meister der nun zwölf Zünfte beschäftigten 353 Gesellen. 25 Bierbrauereien gab es in der Stadt, 56 im gesamten Oberamt. Daneben sorgten 29 Branntweinbrennereien für ausreichend Schnaps, der in 47 Wirtschaften zum Ausschank kam. Ein billigeres Getränk boten die 25 öffentlichen und 77 privaten Brunnen. 6 Essigsiedereien ergänzten die Getränkeskala. Memminger erwähnt ferner 5 Fabriken, 2 Apotheken, 5 Mahlmühlen und 2 Walken.
Auffallend ist die gewaltige Zahl der Brauereien. Schon 1805 sind 27 Meister des edlen Brauhandwerks bezeugt, welche ca. 1,5 Millionen Liter Bier jährlich herstellten, und das zu einer Zeit, als die Stadt etwa 4600 Bewohner zählte. Man kann nachrechnen wie man will, es verbleibt ein täglicher Verbrauch von rund einem Liter Bier pro Kopf und Hals der Bevölkerung. Frauen, Kinder und Blaukreuzler eingeschlossen. Sic transit gloria mundi: gegenwärtig ist es nicht einmal mehr eine Halbe pro Kopf und Tag.

Den Absatz des einheimischen Gerstensaftes förderten die Sommerkeller auf den Anhöhen rings um die Stadt. Hermann Volz hat 1846 in einem Sammelbild, sozusagen einem Vorläufer des Postkartenalbums, die einzelnen Stationen einer zünftigen Bierreise zusammengestellt. Aus dem durstig stimmenden Blatt spricht deutlich der Geist des späten Biedermeier und so, genau so stellt man sich gerne die gute alte Zeit vor: beschauliche Ruhe, Geselligkeit und einen Schuß spießbürgerlicher, verzopfter Hausbackenheit. Von den lithographierten Stätten des Glücks sind heute nur noch der Waldhorngarten, der Pflugkeller (Königkeller), der Biberkeller (Wildenmannkeller) und der Schwanenkeller intakt, und auch das so richtig nur an Schützen.

Abb. 77 Bachmühle Die Walken eingeschlossen, besaß Biberach einst 19 Mühlen, von denen zwei, die Spitalmühle und die Bachmühle innerhalb des Mauerrings lagen. Besonders die Bachmühle, die zwischen dem Siechentor und der nach ihm benannten Siechenfärbe (heute: Haus des Handwerks) stand, bereitete durch den Rückstau des Stadtbachs immer wieder Ärger. Schließlich biß der Stadtkämmerer in den sauren Apfel, kaufte die Mühle auf, ließ das Mühlrad herausreißen und veräußerte zur Deckung der Unkosten das Gebäude wieder. Doch der nächste Besitzer erinnerte sich der preiswerten Wasserkraft, er setzte deshalb das Rad wieder ein und damit die Umgebung zeitweise unter Wasser. 1928 brach man das schmucklose Gebäude ab und die freigewordene Fläche ergab einen hübschen Platz, den man 10 Jahre danach einem Horst Wessel widmen konnte, um sich dann nach 1945 reumütig des alten Namens „Ehinger-Tor-Platz“ zu erinnern.

Abb. 78 Gewerbeausstellung, 1900 Bedingt durch ein ausgewogenes landwirtschaftliches Potential gewann die Industrialisierung in Biberach nur langsam an Boden. Die Papierproduktion in der Steigmühle nahe der Mittelbiberacher Steige (1611) deckte nur den Eigenbedarf der Stadt. Das erste echte Fabrikgebäude war eine Leimsiederei, die 1813 in Birkendorf entstand. Einige Jahre später beschäftigte die Fabrik für lackierte Blechspielwaren von Graner, Wisshak & Co. vor dem Grabentor schon 100 Arbeiter, die gleiche Zahl, die arbeitslos wurde, als der Zollverein die von Ostermayer im ehemaligen Kapuzinerkloster eingerichtete Bandfabrik ruinierte. Ebenfalls Bänder aber auch Kordeln und Seegrasteppiche exportierte Schelle & Blaßnek bis in den Orient.
1837 existierten drei „Devisenfabriken“. Dabei handelte es sich nicht etwa um Druckereien für ausländische Valuta, vielmehr fertigte man dort (wie übrigens auch die vorhandenen 15 Konditoreien) kleine, oft allegorische Figuren, in denen Zettel mit Wahlsprüchen – Devisen – steckten. Das Material für die bunt bemalten Figürchen war Tragant, eine kunststoffartige Mischung aus Gummiarabicum, Staubzucker und Leichtspat.
Man versuchte sich in vielem: Franz Stiefenhofer betrieb 1846 eine Strohhutfabrik, und einige Jahre später fabrizierte ein Herr Koch in der Wolfentalmühle künstlichen Guano. „Blumen und Blätter aus Metall bis zum feinsten Genre“ für die damals so beliebten weil haltbaren Blechkränze entstanden in zwei Betrieben. Die für die Trauerfeierlichkeiten weiterhin erforderlichen Fahnen lieferte seit 1847 die Ornatfabrik Neff in der Waldseer Straße.
Nach 1850 vereinfachte die neugebaute Eisenbahn das Transportproblem erheblich, so daß auch stärker am Export orientierte Betriebe eine Chance sahen. Die Maschinenfabrik Reichspfarr & Beck fertigte ab 1862 in ihrem Werk an der Birkenharder Steige Dampfmaschinen bis zu 25 PS. Die Produkte überlebten die Firma: der eiserne Steg über den Tiefgraben unten am Weißen Turm ist noch heute in bester Verfassung. Ein Jahr später, 1863, beendete das erste Gaswerk neben dem Bahnhof die Ära der Öllampen.
Zur Aufbewahrung des vielen neu erwirtschafteten Geldes (wie auch 1926 zur sachkundigen Trocknung hochwassergeschädigter Wertpapiere an Wäscheleinen) empfahl sich ab 1865 die Gewerbebank, die heutige Volksbank. Mit ihr im Rennen um die Treuhänderschaft über die Biberacher Sparstrümpfe lag die schon 1842 gegründete Oberamtssparkasse, deren Namen sich nach der Umwandlung des Oberamts zum Kreis Bi-

berach (1938) sinngemäß in Kreissparkasse abänderte. Die Produktion von Feuerwehrgerätschaften war in Biberach sozusagen Tradition. Der Stadtbrand von 1516 hatte ausreichend Gelegenheit geboten, das Löschwesen zu überprüfen. Schon 1680 leistete sich der reiche Spital eine große, vierrädrige Feuerspritze; 1738 konstruierte Kupferschmied Noa Rudhard ein eigenes Modell. Über die veränderten Ursachen der Brände schreibt Ostermayer 1851: „Seit der Zeit, daß in Biberach so viele Blitzableiter vorhanden, hörte man nichts mehr von Feuersbrünsten durch Blitzschlag, um so mehr ist das Brennen häufiger durch Fahrlässigkeit, Bosheit, und seitdem man seine Sachen versichern kann.“ Schon das Jahr 1837 hatte einen warmen Frühling gebracht:

„ . . . am 11. März beim Alt-Böpplisbäck Kolesch, das ganze große Haus am Engel niedergebrannt, Fahrlässigkeit Ursache.
– am gleichen Tag Jordanwirths Oeconomiegebäude niedergebrannt.
– am 15. Mai ist die Oelmühle im Wolfental abgebrannt.
– am 25. Juni. Brand bei Schlosser Mühlschlegel, die kathol. Apotheke auch mit abgebrannt. Ursache unbekannt.“

Kein Wunder, daß der königliche Hoflieferant für Feuerwehrschläuche auch aus Biberach kam. Die Marktlücke an Löschpumpen füllte ab 1846 die Spritzenfabrik und Glockengießerei von Becker & Miller, doch erwuchs dieser Firma in der 1873 gegründeten Feuerwehrrequisitenfabrik Lieb an der Riedlinger Straße bald eine übermächtige Konkurrenz. 8000 Feuerwehrmannschaften erhielten hier ihre Ausrüstung, und Liebs mechanische Leitern erwiesen sich in Paris so brauchbar wie in Kopenhagen und in Moskau.

In schöner Selbstgefälligkeit und als notwendiges, wenn auch verkanntes Gegengewicht zur Weltausstellung des Jahres 1900 in Paris, fand auf dem Gigelberg eine machtvolle Demonstration des einheimischen Wirtschaftswunders statt. Mit großer Liebe und viel Plüsch hatte man die Turnhalle dekoriert, denn Majestät aus Stuttgart hatten zugesagt. Kamen dann auch, bewegten sich aber in so unköniglicher Eile, daß das Erinnerungsfoto mißriet. So beschließt ein stimmungsvolles Interieur der Turnhalle die Bilderfolge zur Vorgeschichte der wirtschaftlichen Entwicklung Biberachs.

Biberach heute

von Claus-Wilhelm Hoffmann

Auch wenn die Stadt Biberach den Zweiten Weltkrieg ohne schwere Zerstörungen überstanden hat, bedeutet er doch für die Entwicklung der Stadt eine ebenso starke Zäsur, wie das Erlangen der Reichsunmittelbarkeit und später wieder ihr Verlust oder wie der Dreißigjährige Krieg. Von 1945 bis heute veränderte sich die Stadt stärker als in 400 Jahren zuvor.

Selbst die Eisenbahn hatte Biberach, das im Jahre 1850 an die Südbahn angeschlossen wurde, nicht wieder zu einer wirtschaftlichen Entwicklung verholfen, die auch nur annähernd seiner früheren Bedeutung als Handelsstadt entsprach. Zwar entstanden, vor allem in der zweiten Hälfte des 19. Jahrhunderts, eine Reihe ansehnlicher Industrie- und größerer Handwerksbetriebe. Die große Welle der Industrialisierung ging aber an Biberach wie überhaupt an Oberschwaben vorbei. Nur Friedrichshafen, wo der große Luftschiffbauer Graf Ferdinand von Zeppelin eine Reihe wichtiger Industriebetriebe gründete, machte eine Ausnahme. So war Biberach bis zum Ende des Zweiten Weltkrieges eine liebenswerte, ein wenig verschlafene Stadt.

Als der Zweite Weltkrieg zu Ende ging, hatte die Landwirtschaft in unserer Stadt noch eine erhebliche Bedeutung. Auch ihre Anziehungskraft als Marktstadt reichte weit ins Umland hinaus. Heute ist die Landwirtschaft weitgehend verdrängt. Immer mehr Höfe erliegen der letzten, ertragsreichsten „Fruchtfolge" Bauland, und siedeln aus. Die Viehmärkte wichen dem zunehmenden Verkehr an den Rand der Stadt aus; nur die allgemeinen Märkte lassen mittwochs und samstags ein vielfältiges Bild lebendigen Marktgeschehens auf dem schönen Marktplatz entstehen, das an die Bedeutung dieser Einrichtung in der Vergangenheit erinnert. Auch sonst finden sich noch hier und da mitten im modernen Wirtschaftsleben Relikte aus dem Mittelalter: neben den modernsten, hochtechnisierten Arbeitsplätzen der neuen Fabriken gibt es andere, an denen noch nach Verfahren gearbeitet wird, die im Mittelalter ersonnen wurden, wie in der Weißgerber-Walk in der Ehinger Straße Nr. 300 oder beim letzten Rotgerber in der Pfluggasse – kein Anachronismus, es gibt noch kein besseres Verfahren. Aber das bleiben Ausnahmen. Im übrigen geht die wirtschaftliche Entwicklung stürmisch voran.

Nach 1945 wurde in den ehemaligen Baracken des Reichsarbeitsdienstes ein Übergangslager für Flüchtlinge und Heimatvertriebene eingerichtet. Die Stadt, die unter ihrem Bürgermeister Hammer von 1923 bis 1945 eine weitsichtige Grundstückspolitik betrieben hatte, konnte ausreichend Bauland zur Ansiedlung der Flüchtlinge und Vertriebenen zur Verfügung stellen. Ein ganzes Stadtviertel entstand für diese neue Bevölkerungsgruppe, vor allem als Nebenerwerbssiedlung und im sozialen Wohnungsbau, der Stadtteil Weißes Bild.

Gleichzeitig leitete die Stadt unter dem damals zunächst

von der französischen Besatzungsmacht eingesetzten und im September 1946 gewählten Bürgermeister Wilhelm Leger die wirtschaftliche Entwicklung ein, der die Stadt ihre heutige Bedeutung verdankt.
Nach dem Zweiten Weltkrieg war die Firma Gustav Gerster, 1882 gegründet und noch heute Europas größte Posamentenfabrik, das bedeutendste Unternehmen in der Stadt. Aus einem alten Familienbetrieb, wie es sie heute noch in Biberach in großer Zahl gibt, wurde eine moderne Fabrik.
Im August 1946 ließ sich die früher in Potsdam beheimatete Fabrik für zahnärztliche Instrumente und Einrichtungen Kaltenbach & Voigt in Biberach nieder. Heute zählt sie nach einer auf zäher Entwicklungsarbeit beruhenden Expansion mit Zweigwerken in Leutkirch, Joinville (Brasilien) und Genua zu den bedeutendsten Herstellern ihrer Branche.
Einer der erfolgreichsten Einzelunternehmer Deutschlands Dr. h. c. Hans Liebherr verlegte im Jahre 1956 die Hauptverwaltung seines Werkes von Kirchdorf a. d. Iller nach Biberach, wo er eine Kranenfabrik errichtete. Heute reicht die Firmengruppe von Dr. h. c. Hans Liebherr an die Umsatzmilliarde heran und umfaßt 19 Zweigbetriebe in Deutschland, Österreich, Frankreich, Großbritannien, Irland, der Schweiz, Südafrika und den USA: eine Aufbauleistung, wie sie auch in Amerika, dem Land der unbegrenzten Möglichkeiten, sogar in den Zeiten der Gründerjahre selten war. Im Biberacher Werk sind über 1500, in der Gesamtgruppe 8000 Arbeiter und Angestellte beschäftigt.
Die von der finanziellen Auswirkung für die Stadt her gesehen wichtigste Entscheidung war der Neuaufbau der Firma Dr. Karl Thomae GmbH. Sie gehört zur Boehringer-Ingelheim-Gruppe, die schon seit 1942 ein Lager in Biberach unterhielt. Thomae entwickelte sich unter dem bedeutenden Unternehmer Dr. Ernst Boehringer zu einer Firma von Weltgeltung. Von den Anfängen im Jahre 1946 mit 63 Beschäftigten und einem Umsatz von 2,2 Millionen DM 1947 bis zu einem der führenden Fabrikationsbetriebe für pharmazeutische Produkte in Deutschland mit heute über 3000 Beschäftigten, davon allein 950 überwiegend in der Forschung tätig, 200 Akademikern und einem Firmenumsatz von 330 Millionen DM führte ein langer Weg kluger Firmenpolitik, die jede verdiente Mark wieder in den Betrieb investierte.
Auch andere bedeutende Firmen wie die Maschinenfabrik Vollmer (in Biberach seit 1909) und das Biberacher Zweigwerk der Lindenmaier Präzisions GmbH oder das Metallgußwerk Arthur Handtmann, das zugleich Fleischereimaschinen sowie Armaturen für die Getränkeindustrie herstellt, eine große Zahl mittlerer Betriebe und über den örtlichen Bereich hinaus bedeutende Baufirmen nahmen am wirtschaftlichen Aufschwung ebenso teil wie Gewerbe und Handel.
Die stark expandierende Industrie schuf immer neue Arbeitsplätze, erhielt durch den Zustrom von neuen Bürgern aus Mitteldeutschland und aus dem Osten Europas die notwendigen Arbeitskräfte und vorwiegend von der Stadt genügend Grundstücksflächen zur Erweiterung der Betriebe.
Die Vielfalt und Ausgewogenheit der Industrie- und Gewerbebetriebe, in deren 1226 Arbeitsstätten Ende 1971 18 629 Beschäftigte arbeiteten, ließ Biberach zu einer Stadt mit ungewöhnlich hoher Wirtschaftskraft bei gesunder Gesamtstruktur werden. Ablesbar ist diese gewaltige wirtschaftliche Entwicklung an den Steuereinnahmen, die einschließlich Finanzzuweisungen 1951 noch 1,72 Mio. DM, 1971 20,25 Millionen DM betrugen. Als Folge davon stand Biberach im Jahre 1970 in der Zuwachsrate des Bevölkerungswachstums unter den 46 baden-württembergischen Städten mit mehr als 20 000 Einwohnern einschließlich der sechs Großstädte an achter Stelle.
Allmählich veränderte sich die soziologische Struktur der Bevölkerung. Hörte man vor dem Krieg nur selten eine andere als die schwäbische Mundart, so ist heute bei einer starken Fluktuation von 2950 Zu- und 2656 Wegzügen im Jahre 1971 das Verhältnis von alten Biberachern, den „Urbibern", zu den Neuzugezogenen etwa drei zu sieben. Der ungewöhnlich hohe Anteil der vor allem bei Thomae beschäftigten Akademiker spielt bei dieser Veränderung eine ebenso große Rolle wie der Zuwachs an Arbeitnehmern in Industrie und Dienst-

leistungsgewerbe. Biberach ist heute eine vom Alter ihrer Bewohner her gesehen junge Stadt mit über dem Durchschnitt liegenden Geburtenzahlen. Erstaunlicherweise gilt das auch für den Stadtkern, der in vielen anderen Städten von jungen Familien verlassen wurde – ein Beweis für die Attraktivität der Altstadt auch in unserer Zeit.

Die Bevölkerung ist von 11 434 im Jahre 1939 auf 21 524 im Jahre 1961 und 27 699 am 1. März 1972 angewachsen, wovon durch Eingemeindungen am 1. Januar 1972 1757 Einwohner hinzugekommen sind. 5450 waren Flüchtlinge und Heimatvertriebene, etwa 1800 sind Gastarbeiter, aus vielen Ländern Europas. Dafür zu sorgen, daß sie sich in unserer Stadt wohlfühlen, ist ein wichtiger Teil unseres Bemühens.

Vor und unmittelbar nach dem Krieg war es für einen Fremden oft nicht leicht, in Biberach Fuß zu fassen, Kontakte zu finden, Freundschaften zu knüpfen, heimisch zu werden. Heute wird der Neuzugezogene in eine von Alter und Gesellschaftsstruktur her gesehen vielfältig zusammengesetzte Bürgerschaft schnell integriert.

Viel trägt dazu das Schützenfest bei, das jedes Jahr Anfang Juli gefeiert wird. Es hat für das Leben der Stadt so große Bedeutung, daß die Bürger das Jahr danach einteilen: „vor der Schütza und nach der Schütza".

Seinen Ursprung mag das Fest einmal in einem Jahresfest der Biberacher Schützengilde gehabt haben. Seit 1649 ist es ein Kinderfest, das aus Freude und Dankbarkeit über den Friedensschluß nach dem Dreißigjährigen Krieg gefeiert wurde. Heute wirken dabei über 6000 Kinder mit, die in drei großen Festzügen Ereignisse aus der Vergangenheit der Stadt und im sogenannten Bunten Zug eigene lustige Ideen darstellen.

Im Schützentheater, das seit über 150 Jahren zum Schützenfest gehört, spielen heute jedes Jahr über 200 Kinder in 30 bis 40 fast immer ausverkauften Vorstellungen Märchen.

Festzug und Schützentheater werden von ehrenamtlich tätigen Bürgern, den Mitgliedern der Schützendirektion organisiert. Die Biberacher aus dem In- und Ausland kommen Jahr für Jahr in ihre Heimatstadt zurück, um wieder mit dabeizusein. Alteingesessene ebenso wie neuzugezogene Bürger fühlen sich durch dieses Fest, das zehn Tage dauert, ihrer Stadt verbunden. Und auch für die Kinder bedeutet es eine Bindung an ihre Heimat. Wenn Tausende von Menschen auf dem in seiner Größe und Schönheit einmaligen Marktplatz das von Justin Heinrich Knecht komponierte Schützenfestlied „Rund um mich her ist alles Freude" singen, und man in die bewegten Gesichter der Menschen sieht, dann hat man plötzlich nicht mehr die Vorstellung, in einer nur von Technik und nüchternem Materialismus beherrschten Welt zu leben.

Die große Bevölkerungszunahme brachte nicht nur für die Zugezogenen sondern auch für die Verantwortlichen in Gemeinderat und Stadtverwaltung große Probleme mit sich. Versorgung und Entsorgung mußten erweitert, neue Baugebiete erschlossen und Schulen gebaut werden. Und alles, was gebaut wurde, war nach kurzer Zeit durch die unvorhersehbar schnelle Entwicklung überholt und zu klein geworden. Aus der Objektplanung, die nur das jeweils gerade eben Notwendige zum Inhalt und Ziel hatte, wird heute in allen Bereichen eine Gesamtplanung, die weit in die Zukunft hineinreicht.

Solche zukunftsorientierten Planungen entstanden schon früh für Schulen und Sport, denen ein großer Entwicklungsspielraum auf den früheren Pflugwiesen zugewiesen wurde. Die räumliche Konzentration großer Schuleinheiten bedeutet Offenheit für alle Entwicklungen im pädagogischen Bereich. Gesamtschule wird ohne wesentlichen zusätzlichen Aufwand möglich. Drei Grundschulen, eine Hauptschule und zwei große Gymnasien wurden seit dem Krieg gebaut und mit großzügigen Sportanlagen zu einer sinnvollen Einheit verbunden. Sie nahmen den überwiegenden Teil der Finanzkraft der Stadt in Anspruch, sichern aber den Kindern jede Entfaltungsmöglichkeit im schulischen und sportlichen Bereich. Sport und Schulen sind heute in Biberach mit weit mehr als nur dem Notwendigen versorgt. Wie sonst wäre es denkbar, daß ein Sportverein wie die Turngemeinde Biberach genügend Sportflächen für ihre heute 3600 Mitglieder hat? Ein im Bau befindliches Berufsschulzentrum des Kreises wird ab 1974 auch dem beruflichen Schulwesen die modernste Einrichtung zur Verfügung stellen.

Dennoch bleibt noch viel zu tun. Die in der Verfassung des Landes Baden-Württemberg geforderte Gleichheit der Bildungschancen verlangt von der Stadt weitere Anstrengungen auf diesem Gebiet.

Gesamtplanung bedeutet nicht nur eine optimale Organisation für die Umsetzung technischer Möglichkeiten und Notwendigkeiten, sondern für uns in Biberach den Versuch, das Leben des Menschen zu verbessern, es lebenswerter zu machen. Sicher kann dieses Ziel nur langsam, nur Schritt für Schritt erreicht werden; aber als Ziel eben muß es Inhalt aller Planungen sein.

Das bedeutet zum Beispiel für uns die Bewahrung des mittelalterlichen Stadtbildes im Stadtkern. Die Unverwechselbarkeit unseres Stadtkerns steht im deutlichen Gegensatz zur Auswechselbarkeit von Neubaugebieten in vielen Städten. Andererseits: Wer möchte in einem Museum leben, auch wenn es aus noch so schönen Häusern besteht? Also kommt es darauf an, das pulsierende Leben im Stadtkern zu erhalten, den Marktplatz mit seiner schönen Häuserkulisse wieder zum Treffpunkt der Bürgerschaft zu machen. Dafür ist es notwendig, den heute quer durch die Stadt fließenden Verkehr umzulenken. Fußgängerzonen müssen im Kerngebiet ebenso geschaffen werden wie kleinere Grünflächen.

Die Herausnahme der Bundesstraße 30 aus der Stadt war ein erster Schritt; ein zweiter der Bau einer Mini-Stadtautobahn, Teil eines Generalverkehrsplans, zur Entlastung der bisher einzigen Bahnüberführung, des hoffnungslos verstopften Eselsberges, ein dritter Schritt die Planung und Bereitstellung von vier großen Parkplätzen am Stadtkernrand, auf denen später Parkhäuser gebaut werden sollen. Wir möchten gerne die Befürchtung des Futurologen Karl Steinbuch entkräften, der die bange Frage stellt, ob wir uns angesichts unserer Autos anders verhalten werden als die Inder angesichts ihrer heiligen Kühe.

Kinder sollen wissen, wo sie spielen können, sollen genügend Plätze in Kindergärten vorfinden. Alte Menschen, die sich nicht mehr selbst versorgen können, müssen einen Platz im Bürgerheim haben. Das Hospital, eine gemeinnützige Stiftung aus dem 13. Jahrhundert, die diese Einrichtung seit seiner Gründung ununterbrochen trägt, muß immer neue Erweiterungen planen und verwirklichen. Ein Fußwegenetz soll abseits des Verkehrs durch das ganze Stadtgebiet hindurch die Möglichkeit zu ruhigen Spaziergängen geben, Altenwerkstätten die Möglichkeit zu produktiver Betätigung.

All das und vieles mehr erfordert präzise Planungen, deren Einzelteile zusammen mit den Überlegungen für das kulturelle Leben zu einem Stadtentwicklungsplan zusammengefügt werden.

Längst hat die Stadt die Kirchturmspolitik überwunden und sieht sich als Teil der oberschwäbischen Landschaft. Die Erkenntnis, daß alle diese Planungen in regionalen Überlegungen eingebunden sein müssen, hat sich durchgesetzt.

In ihren Nachbarn sieht die Stadt Partner, die sie aufzunehmen bereit ist, aber nicht zur Eingemeindung drängt. Jede Form der Zusammenarbeit, zur gemeinsamen Entwicklung des Stadt-Umlands wird genutzt.

Die Stadt versteht ihre Ausstrahlungskraft und ihre zentrale Funktion für ein weites Umland als eine Verpflichtung, die sie nicht im Sinne zentralisierenden Konkurrenzdenkens sondern gleichberechtigter Partnerschaft zu erfüllen versucht.

Bei allen Entwicklungen soll der Mensch, soll die Möglichkeit seiner Verwirklichung, soll die Frage, ob auch der Einzelne in unserer Stadt ein gutes Lebensgefühl hat, die erste Stelle einnehmen; ein Versuch, der immer wieder mißlingt und immer wieder neu begonnen werden muß. Wie viele Rezepte sind dafür erfunden worden, wie viele gescheitert!

Ausgangspunkt dieses ständig erneuten Bemühens ist die Stadtplanung, in ihrer Umsetzung in Städtebau von jeher Ausdruck der politischen, ökonomischen und gesellschaftlichen Kräfte eines Volkes und mit ihm dem Wandel der Zeit unterworfen. Trennung von Arbeitsplatz und Wohnung, der Untergang der Großfamilie und ihre Reduzierung auf einen Zwei-Generationen-Haushalt, das ständige Verlangen nach mehr Komfort und der hemmungslose Perfektionismus der Techniker bestimmen das Geschehen im Städtebau. Stadtplanung ist eingefügt in Regionalplanung und Landesplanung. Plötzlich sieht sich der Planer einer Stadt mit der Notwendigkeit konfrontiert, einerseits sich rasch verändernde soziologische Verhältnisse, andererseits regionale und überregionale Gesichtspunkte bei seiner Planung zu berücksichtigen, eine Fahrt zwischen Scylla und Charybdis.

Im Gegensatz zum Leitbild der Charta von Athen mit ihrer funktionalistischen Trennung von Wohnen, Arbeiten, Erholung und Verkehr wird heute eine Mischung der Funktionen angestrebt. Immissionsfreiheit, Eigentumsbildung, kurze Verkehrswege und Zersiedlung, Kinderfreundlichkeit, Kommunikation, Identifikation und Urbanität sind einige Stichworte, die die Schwierigkeiten der Stadtplanung heute kennzeichnen.

Neue Stadtgebiete sind in Biberach entstanden, weitere sind in Planung. Der Versuch, diese Probleme auf einen Nenner zu bringen, wird der Kritik späterer Generationen vorbehalten sein. Leitgedanke dabei ist nicht die Größe der Stadt, sondern die Zufriedenheit der Bürger. Wo liegt die Mitte? Welches sind die Kriterien, die dazu beitragen, daß Menschen glücklicher leben? Was überhaupt ist das Ziel? Persönliches Glücksgefühl, das von äußeren Umständen bedingt ist? Oder ist es das Glücksgefühl, das eigener geistiger Anstrengung folgt, das Bewußtwerden des Menschen? Oder wird der Mensch dabei, weil ihn dieses Bewußtsein eher verzweifeln läßt, gerade erst unglücklich? Waren die Weber, die in ihren feuchten Dunken am Gigelberg arbeiteten, zufriedener oder ist es die „grüne Witwe“ in ihrer Komfortwohnung im Hühnerfeld? Fragen ohne gültige Antworten, Fragen, auf die jede Zeit ihre eigenen Antworten versucht.

Aber zum Lebensgefühl der Bürger gehört nicht nur, daß er günstige Voraussetzungen im Städtebau vorfindet. Die Anziehungskraft einer Stadt, ihre Ausstrahlung und auch ihr wirtschaftliches Wachstum, ihre Attraktivität hängen nicht nur von guter Verkehrslage, ausreichenden Industrieflächen und Reserven an Arbeitskräften ab. Auch die schulischen und kulturellen Einrichtungen sind dafür von entscheidender Bedeutung. Es ist heute gesicherte Erkenntnis, daß Ausgaben der öffentlichen Hand für kulturelle Aufgaben nicht Subventionen sondern notwendige wachstumsfördernde Investitionen sind. Die kulturelle Aktivität bestimmt weitgehend auch den Grad der Urbanität einer Stadt und ihre spezifische Atmosphäre.

In all den Jahren des wirtschaftlichen Aufschwungs, in denen alle Finanzkraft der Stadt der aktuellen Entwicklung diente, war es nicht zu vermeiden, daß die Kultur zurückstehen mußte. Als für die Wirtschaft eine Phase der Konsolidierung gekommen war, galt es, der kulturellen Entwicklung neue Impulse zu geben. Dafür bot sich in Biberach mit seiner reichen Tradition ein fruchtbarer Boden.

Wieland, Schönfeld, Dinglinger, Knecht sind nur einige Namen aus der geistigen und künstlerischen Vergangenheit unserer Stadt, die dem Leser im historischen Teil begegnet sind. Auf diese Zeit gehen die Ursprünge des Dramatischen Vereins, „Bürgerliche Komödiantengesellschaft“ genannt und des Musikvereins zurück. Aber in Biberach ruht man sich nicht auf den Lorbeeren der Vergangenheit aus. Wohl erkennt man den Wert der Vergangenheit für unsere Aufgaben; aber man macht sie heute nicht zum Maßstab des Handelns. Obwohl er bemüht ist, das Hergebrachte, so weit es gut ist, zu bewahren, ist der Gemeinderat dieser Stadt wie kaum ein anderer dem Modernen aufgeschlossen und zum Fortschritt bereit.

So wurden in den sechziger Jahren eine Reihe neuer kultureller Institutionen geschaffen, übernommen, ausgebaut: Das Braith-Mali-Museum, dessen Bestände es aus der großen Zahl provinzieller Museen deutlich hervorheben, wurde in den Jahren 1964 bis 1967 umgebaut und erweitert und verfügt nun über moderne Ausstellungsräume für die meisten Abteilungen.

Durch Umbau der Unteren Schranne, des schönen alten Kornhauses am Marktplatz, wurden 1967 bis 1969 Räume für eine Stadtbibliothek geschaffen, die mit ihren Ausleihzahlen in der Spitzengruppe der Büchereien in der Bundesrepublik liegt. Niemand hätte je gedacht, daß die Biberacher so viel lesen würden. In denselben Räumen hat auch das Wieland-Archiv, eine Institution von hohem wissenschaftlichen Rang, eine angemessene Unterkunft gefunden. Ebenso erfolgreich arbeiten Volkshochschule und Jugendmusikschule seit ihrer Übernahme im Jahre 1967 durch die Stadt. Der Musikverein Biberach erhielt einen städtischen Musikdirektor, das reichhaltige Archiv einen hauptamtlichen Archivar.

Die alte, schon auf die Zeit vor Wieland zurückreichende Theatertradition ließ die Biberacher schon früh im Jahre 1858 ein Theater bauen, das bei noch nicht einmal 6000 Einwohnern 600 Sitzplätze hatte und der damals armen Stadt große Opfer abverlangte. Welche Begeisterung für schöne Künste gehörte dazu, auch wenn diese Begeisterung manchmal zu verblüffenden Blüten führte, wie sie Wieland in seinen Abderiten schildert. Aber sie war und ist vorhanden und gilt der Literatur, dem Theater, der Musik und der Malerei in gleicher Weise; sie führte auch dazu, daß die bekannten Tier- und Landschaftsmaler Anton Braith und Christian Mali ihren gesamten künstlerischen Nachlaß sowie Bargeld zur Errichtung eines Museums der Stadt Biberach vermachten.

Oft genug durchbrechen kulturelle Ereignisse die Patina provinzieller Mittelmäßigkeit. Das gilt in besonderer Weise auch für die Veranstaltungsreihe der Firma Thomae „Wege und Gestalten“, deren Veranstaltungen Glanzlichter im kulturellen Leben der Stadt sind. Biberacher Snobs sagen zwar, es sei hier nichts los; man sieht sie aber auch nicht bei wichtigen Ereignissen. Andere meinen, es sei des Guten oft zu viel. Oft hört man Theaterbesucher die Vorstellung unter heftiger Kritik über das Problemstück verlassen, das man ihnen da wieder vorgesetzt hat; aber die Vorstellungen sind ausverkauft. Warum nur bleiben die Meisterkonzerte leer?

Was also eigentlich ist Biberach? Eine Stadt, in der seit dem Augsburger Religionsfrieden die strenge Parität der Konfessionen bis hinein in alle Ämter der Stadtverwaltung vom Bürgermeister bis hinunter zum Torhüter herrschte. Die einzige Stadt in Deutschland, deren Stadtpfarrkirche St. Martin im gemeinsamen Eigentum beider Konfessionen steht, in der heute die ökumenischen Bemühungen so weit fortgeschritten sind, daß man anfängt, die beiden neugebauten Kirchen, die evangelische Friedenskirche und die katholische Dreifaltigkeitskirche gemeinsam zu benutzen! Die Stadt, in der der geniale Architekt Hugo Häring gelebt und zwei wichtige Häuser gebaut hat, in der auf dem von Professor Günther Grzimek gestalteten Parkfriedhof ein von Professor Hans Wimmer geschaffenes Kriegsopfermahnmal liegt, aus der der erste in der Welt bekannte bezeichnete Holzschnitt kommt, die 1962 zur Großen Kreisstadt erhoben wurde, in der Vergangenheit und Gegenwart hart aufeinanderstoßen und die mit der den Oberschwaben eigenen Fröhlichkeit versteht Feste zu feiern?

„Die Menschlichkeit des Menschen ist das eigentliche Problem unserer Zeit, nicht die Atomenergie“, sagt Albert Einstein.

Denken wir bei unseren Planungen, die heute weitgehend von technischen Notwendigkeiten bestimmt sind, daran, ob sich die Menschen in einer Stadt wohl fühlen und welches die Voraussetzungen dafür sind?

Warum ziehen Menschen in eine bestimmte Stadt, warum lieben sie sie als ihre Heimat? Sind es die Arbeitsplätze, die Wohnungen, alte Häuser, die Landschaft, die eine Stadt umgibt?

Was führt dazu, daß sich Industriebetriebe in einer Stadt ansiedeln, daß sie sich zu bedeutenden Firmen entwickeln, die in der ganzen Welt einen guten Namen haben, daß Handel und Gewerbe gedeihen?

Gewiß, die Menschen in Biberach arbeiten hart, sie sind fleißig, solide und sparsam. Die Stadt liegt verkehrsgünstig an der Nord-Süd-Achse zwischen Hamburg und Mailand. Durch die Rationalisierung und Vergrößerung der landwirtschaftlichen Betriebe werden noch immer Arbeitskräfte frei für die Produktion, und der große Flüchtlingsstrom nach dem Zweiten Weltkrieg sorgte auch in unserer Stadt für ein weiteres schnelles Anwachsen der Bevölkerung.

Aber ist es das allein, was einer Stadt ihre Kraft, ihre Bedeutung gibt? Oder ist es auch die kulturelle Substanz, die geistige Struktur, die sie für Fremde und Einheimische anziehend sein läßt, die ihr wohl einmal auch die Bezeichnung Riß-Athen eintrug?

Was also ist Biberach? Kann ich, der ich erst seit wenigen Jahren hier lebe, das überhaupt begreifen? Aber vielleicht ist auch gerade der Abstand nützlich, der darin liegt, nicht zu den großen alten Familien der Stadt zu gehören, wenn es um den Versuch geht, Liebe und Skepsis in einer gerade noch vernünftigen und nüchternen Analyse zu vereinen.

Vielleicht haben die Bürger unserer Stadt in den vergangenen Jahrhunderten eine zu hohe Einschätzung von sich selbst, von ihrer Bedeutung, vor allem von ihrer kulturellen Leistung gehabt? Sicher ist aber, daß sie selbst bereit waren, mehr zu leisten als nur ihr Geld zu vermehren und der Stadt zu äußerer Macht zu verhelfen.

Die eigene Beteiligung der Menschen am kulturellen und am kommunalen Leben ist auch heute erstaunlich groß.

Wenn es gelingt, das zu erhalten und fortzuentwickeln, wenn es gelingt, den eigenen Horizont immer wieder ein Stück zu erweitern, wird die Stadt Biberach eine Zukunft haben.

79, 80, 81

82, 83

86

87

90, 91

92, 93

BC-TH 62

94, 95

96, 97

98, 99

100, 101

102, 103

104

106, 107

108, 109

110, 111

112, 113

Biberach heute - Fotografische Impressionen von Rupert Leser

kommentiert von Gerd Maier

Der Film mit den Streiflichtern aus der Geschichte der Stadt Biberach von ihrem Entstehen bis in unser Jahrhundert ist nun abgelaufen, er bleibt stehen mit einer Bildfolge „Biberach heute", welche der Fotograf Rupert Leser mit seiner eigenwilligen Kamera festgehalten hat. Doch die Zeit zernagt die Dinge sagt Ovid, und die kurze Spanne zwischen Aufnahme und Wiedergabe gab manchem der Bilder bereits wieder historischen Wert. Es sind die subjektiven Eindrücke, die ein „dickschädliger oberschwäbischer" Fotograf auf seinen Streifzügen durch Biberach mit nach Hause brachte. Nicht als repräsentativen Querschnitt, ohne lokalpolitischen Drall und ohne die beliebte „tiefenpsychologisch-gesellschaftskritisch bedeutsame Aussage"; fotografiert ohne das Graufilter der modisch-aktuellen Gegenwartsverachtung, aber auch ohne den „Weichzeichner" des traditionsbepackten Heimattümlers.

Abb. 79 Abendstimmung / Evening scene / Quiétude du soir

Abb. 80 Biberach – ein Dorf? / Biberach – a village? / Biberach – un village?

Abb. 81 Biberach – eine Großstadt? / Biberach – a city? / Biberach – une grande ville? Zwei der vielen Gesichter Biberachs, hier das verträumte Dorf mit seinen kleinen, alten, schiefwinkligen Häusern, vor der Haustüre grüne Wiesen mit Heuhaufen, dort die Industrielandschaft mit ihrer technikgläubigen Rationalität, mit 5-Uhr-rush, Streß und Umweltproblemen. Städtebauliche Kontrapunktion in friedlicher Koexistenz.

Abb. 82 und 83 Die Walk / The fullery / La foulerie Die Bachmühle beim Ehinger Tor, die Steigmühle an der Straße nach Mittelbiberach, die Spitalmühle am Viehmarkt, die Balliermühle beim Holzmarkt, die Schleifmühle neben dem „Klösterle" und auch die alte Tabak-, Krapp- und Stampfmühle vor dem Einlaß, sie sind alle längst aus dem Stadtbild verschwunden. Eines der bemoosten unterschlächtigen Wasserräder aber versieht heute noch seinen Dienst in Deutschlands einziger noch intakter, historischer Walk. Das Gebäude selbst steht am Fuß der Warthauser Halde, rechts der Straße nach Ehingen. Schon vor dem Dreißigjährigen Krieg hatte sie dort gestanden, doch als die Kaiserlichen ihren katholischen Glaubensgenossen 1634 den Friedhof niederbrannten, sanierten sie die umliegenden Gebäude gleich mit. Der heutige Fachwerkbau mit seinem steilen Walmdach stammt aus dem letzten Jahr des 17. Jahrhunderts. Im Erdgeschoß werden die mit Dorschtran getränkten Felle in den Gerbmulden von schweren Holzhämmern durchgewalkt, angetrieben von der Wellachse eines unterschlächtigen Wasserrads, dem die beiden vereinigten Stadtbäche, nun Gerberbach genannt, trotz ihres trüben Wassers immer noch die nötige Energie liefern. Im oberen Geschoß, das ursprünglich zum Wohnen eingerichtet war, trocknen bei schlechtem Wetter die gegerbten Häute. Zugegeben, es rumpelt entsetzlich und es riecht nicht gerade nach Lavendel, aber die Zeit ist um 300 Jahre zurückgedreht, wenn man dem Gerber Kolesch bei seinem Handwerk zusieht.

Abb. 84 Schwerindustrie / Heavy industry / L'industrie lourde Aus ersten Anfängen zwischen den beiden Weltkriegen hat sich nach dem Zusammenbruch von 1945 das wirtschaftliche Wachstum der Stadt steil nach oben entwickelt. Im Biberach von heute finden sich neben der jahrhundertealten Handwerkstradition neuzeitlichste Fabrikationsbetriebe der Metallindustrie.

Abb. 85 Chemisch-pharmazeutische Industrie / Chemical-pharmaceutical industry / L'industrie chimico-pharmaceutique Konnte man bei der Walk das Rad der Geschichte um ein paar Jahrhunderte zurückdrehen, so wirkt ein Blick in die Produktionsstätten der einheimischen Pharmaindustrie wie ein utopischer Ausblick ins kommende Jahrtausend.

Abb. 86 Fertigungshalle im Maschinenbau / Production shop for machine building / Halle de fabrication d'une usine de construction mécanique

Abb. 87 Orgelbauer bei der Arbeit / Organ-builder at work / Facteur d'orgues au travail Das Spektrum der Biberacher Arbeitswelten schließt sich mit zwei kontrastierenden Aufnahmen, dem Blick in eine Fertigungshalle der metallverarbeitenden Industrie und der Beobachtung eines Orgelbauers bei seiner feinfühligen Arbeit.

Abb. 88 und 89 Mittwoch ist Markttag / Wednesday is market day / Le jour de marché est le mercredi Markt, das bedeutet: Bauersfrauen, Spankörbe voll Gemüse um sich, Gedränge zwischen den Marktständen mit ihren bunten Sonnenschirmen, schwäbisch-hochdeutsche Sprachvielfalt, pralle Einkaufstaschen neben Kartons mit piepsenden Hühnchen und über allem eine Duftspur nach Blumen, Obst, Bratwürsten.

Abb. 90 Fachwerkhäuser am Weberberg / Framework houses on Weberberg / Maisons en colombage au Weberberg

Abb. 91 Stufenbungalows am Mittelberg / Stepped bungalows on Mittelberg / Bungalows construits en terrasses au Mittelberg Janusköpfiges Biberach: im Erscheinungsbild, in den Arbeitsplätzen, in den Häusern. Kleine, sprossengegliederte Fenster in den uralten Fachwerkgiebeln des Weberbergs – isolierverglaste Bungalows in einem der Neubaugebiete.

Abb. 92 und 93 Biberacher Impressionen / Biberach impressions / Impressions de Biberach Auch in den Details lebt Biberach: in der Ziegelfassade der alten Brauerei, im Wirtshausschild „Zum Pflug", im fidelen „Shop" der Altstadt, im Uhrgiebel des Spitals, in der modernen Betonfassade hinter dem alten Haus am Ende der Gerbergasse.

Abb. 94 Friedenskirche (1966) / Peace Church (1966) / Eglise de la paix (1966)

Abb. 95 Mittelbergkirche (1969) / Mittelberg Church (1969) / Eglise du Mittelberg (1969) Zum gleichförmigen Erscheinungsbild der neuen Siedlungsgebiete kontrastiert eine bewußt typische sakrale Architektur. Was den Protestanten ihre schwarze und doch evangelische Friedenskirche, das ist den Katholiken die Betonplastik ihre Kirche zur Hl. Dreifaltigkeit auf dem Mittelberg.

Abb. 96 Grabmal, gestaltet von Prof. Wimmer / Monument by Professor Wimmer / Monument par Professeur Wimmer

Abb. 97 Stadtfriedhof / City Cemetery / Le cimetière municipal Der neue Stadtfriedhof, sonst meist eine mäßig begrünte Anordnung militärisch ausgerichteter Grabparzellen, ist hier eine parkartige Landschaft. Großzügige gärtnerische Gestaltung mit weiten Rasen- und Wasserflächen, mit Baumgruppen und den zurückhaltend modellierten Friedhofsbauten schafft eine besinnliche, doch keineswegs traurige Atmosphäre.

Abb. 98 und 99 Pestalozzi-Progymnasium / Pestalozzi-Progymnasium" / Le „Progymnasium Pestalozzi" Neben den Schulen in Birkendorf, im Gaisental, auf dem Mittelberg und der Malihauptschule sind es die beiden Gymnasien, welche als weiterführende Schulen Bedeutung haben. Nach der Verlegung des Wielandgymnasiums aus dem alten Ochsenhauser Hof in einen Neubau (1962), löste 1971 auch das neuerrichtete Pestalozzi-Progymnasium für Mädchen die alte „Pflugschule" ab.

Abb. 100 Talquerspange und Maliturnhalle / Valley transverse connection and Mali gymnasium / Liaison transversale de la vallée et le gymnase Mali Die geistige und körperliche Trimmstrecke: Gymnasien – Turnerheim – Stadion – Malischule – Hallenbad überquert seit 1971 auf Betonstelzen eine Stadtautobahn. Diese „Talquerspange" verbindet den südöstlichen mit dem südwestlichen Außenbereich der Stadt. Links im Hintergrund des Bildes die Maliturnhalle.

Abb. 101 Maliturnhalle / Mali gymnasium / Le gymnase Mali Der Blick durch die Fischaugenoptik zeigt in der Endrunde beim Ranglistenturnen 1971 den Biberacher Wolfgang Hellgoth beim Aufgrätschen aus der Kammriesenfelge am Reck.

Abb. 102 Günter Grass Szenen aus „Neue Musik, neue Gedichte" in der Turnhalle auf dem Gigelberg im Rahmen der Veranstaltungsreihe „Wege und Gestalten" (1967).

Abb. 103 Die Stadtbücherei / City library / La bibliothéque municipale Die untere Schranne, die alte „Greth" erhielt 1969 eine neue Aufgabe: die renovierten oberen Geschosse gaben Raum für eine moderne Stadtbücherei, deren Buchbestand gegenwärtig der Zahl 20 000 entgegenwächst.

Abb. 104 und 105 Schützenfest / Fête des enfants Historischer Zug auf dem Marktplatz.

Abb. 106 Drei Helme / Three helmets / Trois casques 1634 oder 1972? Zwischen den Helmen schwergepanzerter kaiserlicher Reiter beim Schützenfest die Dachhaube der Stadtpfarrkirche.

Abb. 107 Schützenfest / Fête des enfants Spiegelung im Schalltrichter eines der Instrumente der zahllosen Musikkapellen.

Abb. 108 und 109 Schützenfest / Fête des enfants Lagerleben der „Schweden" und der „Kaiserlichen" auf dem Gigelberg.

Abb. 110 und 111 Schützentheater / Children playing little games for children / Spectacle d'enfants pour enfants Szenen aus den Märchenspielen, in denen alljährlich am Schützenfest Kinder anderen Kindern zur Freude Theater spielen.

Abb. 112 Kinder / Children / Enfants Die Bürger von morgen in der Umgebung von gestern.

Abb. 113 Der Weiße Turm / The white tower / La tour blanche Die beiden Gigelbergtürme, der Gigelturm und der Weiße Turm, verbunden durch die Stadtmauer mit ihrem Wehrgang und der Hochwacht, sind zum Symbol der alten Reichsstadt-Tradition geworden.

Abb. 114 Silvester-Feuerwerk / New Year's Eve fireworks / Feu d'artifice dans la nuit de la Saint-Sylvestre.

Statt eines Nachworts

darf der Autor sich bei allen jenen bedanken, die an dieser Veröffentlichung und ihrem Zustandekommen in der vorliegenden Form mitgewirkt haben: der Stadt Biberach für die Bereitschaft, Vorlagen aus dem städtischen Museum und dem Archiv zur Verfügung zu stellen und für die finanzielle Unterstützung der Herausgabe, an der sich auch der Kunst- und Altertumsverein beteiligt hat – Archivrat Dr. Diemer für die redaktionelle Durchsicht und Überprüfung der historischen Daten, Professor Dr. Hansmartin Decker-Hauff für den einführenden Text zur Geschichte der Stadt, Oberbürgermeister Claus-Wilhelm Hoffmann für seine Ausführungen über die Probleme und Aufgaben Biberachs in der Gegenwart und dem Fotografen Rupert Leser für seine prägnanten, unkonventionellen Fotos.

Meine Frau verhalf mit Geduld den verschiedenen Versionen meiner Texte zu einem einwandfreien Typoskript und bereinigte damit gleichzeitig die Familienweste, die ihr Vorfahr, der Weißroßwirt Handtmann durch seine Beteiligung am Abbruch des Bürgerturms 1844 befleckt hatte.

Biberach, Herbst 1972 Gerd Maier

Bildnachweis

Bei den Maßangaben steht Höhe vor Breite; die Herkunft des abgebildeten Originals ist in Klammern angegeben, dabei besagen die Abkürzungen: A = Sammlung des Autors; B = Stadt Biberach.

Vorderes Vorsatzblatt Ansicht von Nordosten. Lithographie von Eberhard Emminger, um 1865. 43,8 x 66,4 cm (A)

Abb. 1 Ansicht von Süden. Federzeichnung, um 1620. 8,2 x 16 cm (B)

Abb. 2 Ansicht von Osten. Federzeichnung, um 1540. ca. 25 x 70 cm (Staatsarchiv Ludwigsburg)

Abb. 3 Vogelperspektive von Süden. Kupferstich von Matthäus Merian, 1643. 21,1 x 32,4 cm (A)

Abb. 4 Ansicht von Süden. Kupferstich von Wenzel Hollar, 1657. 16,2 x 45 cm (B)

Abb. 5 Ansicht von Nordosten. Kupferstich von Johann Christian Leopold, um 1730. 15,5 x 28,1 cm (B)

Abb. 6 Ansicht von Süden. Kupferstich von Lorenz Xeller, um 1730. 23,1 x 47,2 cm (A)

Abb. 7 Ansicht des Marktplatzes von Nordosten. Kopie von Bolkart nach einem Aquarell von Xaver Emele aus dem Jahre 1768. Original: 34,1 x 46,4 cm (B)

Abb. 8 Ansicht von Norden. Kupferstich von Johann Peter Fehr, um 1795. 24 x 40,5 cm (B). Als Pendant zu diesem Blatt existiert eine Ansicht von Süden, welche etwa dem Stich von Xeller entspricht.

Abb. 9 Ansicht von Süden. Gouache, „J. S. Dürr pinxit 1804". 27,6 x 45 cm (B)

Abb. 10 Ansicht des Kapellenplatzes von Nordwesten. Gouache, 1. Viertel des 19. Jahrhunderts. 10,2 x 16,2 cm (B)

Abb. 11 Ansicht des Marktplatzes von Nordwesten. Aquarell aus einem Stammbuch, 1816. Die Urheberschaft wird teils Chr. Xeller, teils Wisshak zugeschrieben. 8 x 14,2 cm (B)

Abb. 12 Ansicht von Norden. Gouache von Johann Baptist Pflug, um 1830. 25,3 x 41,8 cm (B)

Abb. 13 Ansicht von Süden. Lithographie von Eberhard Emminger, 1837. 28,6 x 49,8 cm (B; dort befindet sich auch die Vorzeichnung in Bleistift, 24,6 x 39 cm).

Abb. 14 Sammelbild. In der Mitte Ansicht von Nordosten, nach Emminger. Lithographie von Hermann Volz, um 1855. 19,2 x 28 cm (A)

Abb. 15 Ansicht des Marktplatzes von Südwesten. Fotografie, nach 1860 (B)

Abb. 16 Ansicht des Marktplatzes von Westen. Lichtdruck nach einer Zeichnung von H. Volz, 1890. 37,4 x 33,3 cm (B)

Abb. 17 Ansicht von Osten. Lichtdruck nach einer Zeichnung von H. Volz, 1889. 25 x 44,8 cm (B)

Abb. 18 Ansicht von Süden. Lichtdruck nach einer Zeichnung von H. Volz, 1889. 24,8 x 44,4 cm (B)

Abb. 19 Gigelbergtürme von Westen. Bleistiftzeichnung von Christian Xeller, um 1820. 24,2 x 31,5 cm (Heimatmuseum Ludwigsburg)

Abb. 20 Ehinger Tor von Norden. Lithographie von E. Emminger, um 1830. 27,3 x 37,7 cm. Das seitliche Türmchen mit dem Zwiebeldach ist eine künstlerische Zugabe des Zeichners. Die Vorlage für den Steindruck bildete eine Bleistiftzeichnung, datiert 1830. 22 x 28,5 cm (B)

Abb. 21 Ulmer Tor von Osten. Rekonstruierter älterer Zustand. Bleistiftskizze mit eingetragenen Quadraten zur Übertragung auf den Stein, Emminger zugeschrieben, 2. Viertel des 19. Jahrhunderts. 23 x 37,2 cm (A)

Abb. 22 Ulmer Tor von Norden. Lavierte Federzeichnung von Eugen Felle, Isny, 1903. ca. 15 x 22 cm (A)

Abb. 23 Harmonietürmchen von Südosten. Bleistiftzeichnung von Christian Weiß, 1892. ca. 18 x 19 cm (B)

Abb. 24 Waldseer Tor von Süden. Ölbild von H. Volz, 1888. ca. 39 x 32 cm (B)

Abb. 25 Riedlinger Tor von Westen. Kopie nach Emminger. Ölbild von Julius Schmid sen., 1910. ca. 27 x 35 cm (A). In den Städtischen Sammlungen Biberach befindet sich die Bleistiftskizze zu diesem Bild, datiert „im May 1837". 26,2 x 33 cm

Abb. 26 Riedlinger Tor von Nordosten. Fotografie, um 1865 (B)

Textabbildungen

Literaturnachweis

Aichele, W., Die bildenden Künstler Biberachs. Biberach, 1932

Aichele, W., Das Stadtbild Biberachs in stilgeschichtlicher Entwicklung. Biberach, 1935

Angele, A., Alt-Biberach um die Jahre der Reformation. Biberach, 1962

Bamm, P., Fester kleiner Platz Biberach an der Riß. Biberach o. J.

Baum, J. und Pfeifer, B., Die Kunst- und Altertumsdenkmale der Stadt und des Oberamtes Biberach. Esslingen, 1909

Bernhardt, J., Reise- und Industrie-Handbuch. 1879

Boetio, J. Th., Die vor Furcht und Schrecken von der Donau weggeflüchtete Frantzosen .... Leipzig, 1704

Bruder, E., Biberach an der Riß. Biberach, 1950

Decker-Hauff, H., Bild einer freien Reichsstadt, in: Biberacher Panorama. Biberach, 1962

Diemer, K., Manuskript zur Kreisbeschreibung

Ernst, V., Das Biberacher Spital bis zur Reformation, in: Württ. Vierteljahreshefte. Stuttgart, 1879

Erzberger, M., Die Säkularisation in Württemberg. Stuttgart, 1902

Gerster, M., Der galante Stadtschreiber. Stuttgart, 1922

Griesinger, P., Biberach an der Riß. Biberach, o. J.

Günthert, J., Aus den Erinnerungen des Genremalers Johann Baptist Pflug. Nördlingen, 1874 und 1877

Hutter, O., Aus Biberachs Geschichte — die Jahre 1802 bis 1806 im Spiegel der Presse. Biberach, 1933

Kisel, H., Ihr sollt sie lieben Eure kleine Stadt. Biberach, 1947

Kleindienst, C., Beiträge zu einem Häuserbuch ... Biberach, 1961

Köhler, Die Biberacher Körperschaftswaldungen. Biberach, 1914

Krais, J. K., Tagebuch ... Buchau, 1801 und 1822

Kuhn, A., Das Biberacher Schützenfest (Kinderfest) in seiner geschichtlichen Entwicklung. Biberach, 1921

——, Bedeutende Biberacher, Biberach, 1929

——, Kriegschronik der Stadtgemeinde Biberach. Biberach, o. J.

——, Denkschrift der Gewerbebank Biberach. Biberach, 1927

——, Geschichte des Liederkranzes Biberach. Festschrift, 1928

Luz, G., Beiträge zur Geschichte der ehemaligen Reichsstadt Biberach. Biberach, 1876

——, Der Baurenkrieg in Oberschwaben. Manuskript, o. J.

——, Biberach. Manuskript, 1883

——, Die gute alte Zeit. Manuskript, 1875

Mauthner, I., Auf Wiedersehn in Biberach. Ravensburg, 1964

Memminger, J. D. v., Beschreibung des Oberamts Biberach. Stuttgart/Tübingen, 1837

Merian, M., Topographia Sueviae ... Frankfurt, 1643

Mühl, A. und Seidel, K., Die Württembergischen Staatseisenbahnen. Stuttgart, 1970

Ofterdinger, L. f., Christoph Martin Wieland's Leben und Wirken. Heilbronn, 1877

Ostermayer, H., Kronik der vormals kaiserl. königl. freien Reichsstadt Biberach. Biberach, 1851

Planck, M., Die letzten Räuberbanden in Oberschwaben. Stuttgart, 1866

Preiser, R., Biberacher Bau-Chronik. Biberach, 1928

Probst, J., Überblick über die Kunst-Geschichte der oberschwäbischen Landschaft. Biberach, 1896

Renz, A., Aus der Biberacher Jugendzeit. Biberach, 1939

Rombach, O., Unter dem Weißen Turm, aus: Biberacher Panorama. Biberach, 1962

Schefold, M., Alte Ansichten aus Württemberg. Stuttgart, 1957

——, Oberschwäbisches Volksleben zu Anfang des vorigen Jahrhunderts in Westermanns Monatshefte, 1930

Schlichte, F., Die Freiwillige Sanitätskolonne Nr. VIII. Biberach. Biberach, 1912

Schmalzing, H. D., Poetische Versuche. Biberach, 1842

——, Gedichte, Biberach, 1863

Seidler, L., Annalia Ao. 1500 Bis ins Jahr Ao. 1549. (Abschrift)

Seifriz, K., Aus der ehemaligen Reichsstadt Biberach. Biberach, 1933

——, Nachträge zum Biberacher Heimatbüchlein. Manuskript, o. J.

Wechsler, J. D., Versuch einer kurzen Sammlung topographisch-historisch-statistischer Nachrichten von der H. R. R. Stadt Biberach. Ulm, 1792

Weichhardt, A., Die wirtschaftliche Entwicklung der freien Reichsstadt Biberach im 18. Jahrhundert. Biberach, 1931

Weller, K. und A., Württembergische Geschichte im südwestdeutschen Raum, Stuttgart, 1971

Wöhrle, K., Aus der Geschichte des Wielandgymnasiums Biberach an der Riß. Biberach, 1953
Zengerle, M., Markus Eberhard Emminger. Biberach, o. J.
——, Johann Baptist Pflug, Stuttgart, 1957
——, Aus der Räuber- und Franzosenzeit Schwabens. Weißenhorn, 1966

ohne Verfasserangabe
——, Biberach einst und jetzt. Festschrift, 1895
——, Kleine Chronik. Biberach, o. J.
——, Einwohnerbuch Stadt und Bezirk Biberach a. d. Riß. Biberach, 1930
——, Offizieller Katalog der Bezirks-Gewerbe-Ausstellung. Biberach, 1900
——, Der Neubau eines Mädchenschulhauses zu Biberach. Festschrift, 1907
——, 700 Jahre ehemalige freie Reichsstadt Biberach an der Riß. Festschrift, 1950
——, 300 Jahre Biberacher Schützenfest. Festschrift, 1939
——, Siedlungsverein Biberach G. m. b. H. Biberach, 1925
——, 300 Jahre Theater Biberach. Festschrift, 1955
——, 120 Jahre Turngemeinde. Festschrift, 1967
——, 100 Jahre Volksbank Biberach. Festschrift, 1965
——, Wieland-Gedenkfeier in Biberach-Riß am 9. bis 11. September 1933. Biberach, 1933
——, Festschrift zum 200. Geburtstag des Dichters Christoph Martin Wieland. Biberach, 1933
——, Biberacher Amts- und Intelligenz-Blatt, verschiedene Jahrgänge
——, Zeit und Heimat. Beilage der Schwäbischen Zeitung
——, Anzeiger vom Oberland. Verschiedene Jahrgänge
——, Schwäbische Zeitung. Verschiedene Jahrgänge